Teacher Education Series

京师教师教育论丛　第三辑

丛书主编　朱旭东

美国教师知识合法化进程研究

赵　萍　著

Legistimation of Teachers' Knowledge in the U.S.
A Historical Study

北京师范大学出版集团
BEIJING NORMAL UNIVERSITY PUBLISHING GROUP
北京师范大学出版社

丛书编委会

顾问　顾明远　许美德（加）

主任　钟秉林

主编　朱旭东

编委会成员（中文以姓氏拼音为序）

　　陈向明　管培俊　李子建　卢乃桂　庞丽娟

　　石中英　王嘉毅　叶　澜　袁振国　钟秉林

　　周作宇　朱小蔓　朱旭东　朱永新

　　Christopher Day　Ken Zeichner　Lin Goodwin

　　John Loughran　Lynn Paine　Qing Gu

目 录
CONTENTS

导 论   1

第一章　一个呼唤教师专业化的时代   40

第一节　20 世纪 80 年代美国的教育改革   40

第二节　20 世纪 80 年代的美国教师教育改革   46

第三节　教师专业化与教师知识研究   55

本章小结   60

第二章　美国教师教育大学化与教师知识的合法化   63

第一节　教育学院的边缘化与教师知识合法化   64

第二节　从师范学校的演进看教师知识的合法化

   71

第三节　从大学建立教育学院看教师知识的合法化

   80

本章小结   89

第三章　教师教育课程与教师知识合法化   91

第一节　实践取向的教师教育项目与教师知识的合法化   92

第二节　专业取向的教师教育项目与教师知识的合法化   100

第三节　"驻校"培养模式的教师教育项目与教师知识的合法化   107

本章小结 113

第四章　教师教育组织与教师知识合法化 114

第一节　美国教师资格标准组织的构成与职能 115

第二节　教师资格认定标准与教师知识合法化 123

本章小结 128

结　语 130

参考文献 134

附　录　英汉人名对照表 144

导 论

一、问题的提出

随着科学技术的迅猛发展，知识的整体状况发生了急剧的变化。知识的力量和地位得到了前所未有的提升。"知识具有对生产能力而言必不可少的信息商品形式。它在世界权力竞争中已经是、并且将继续是一笔巨大的赌注，也许是最重要的赌注。"①因此，在 19 世纪到 20 世纪科学以最强有力的姿态回答了"什么知识最有价值"这个问题之后，知识的性质发生了重大变化，知识本身不再被看做是价值无涉的，知识不但具备了社会再生产功能，甚至具备了商品和资本的特征。因此，进入 21 世纪以后，"谁的知识最有价值"成为了无法回避的追问，知识的合法化成为研究知识问题的核心和基础。

教师被看做是社会文化的传播者，承担着教化下一代的重要社会职能。我国传统教育思想历来有尊师重教的传统。一方面，强调教师要具有渊博的知识，"师者，所以传道授业解惑也"，"欲明人者先自明，博学详说之功，其可不自勉乎。"另一方面，强调师生都要具有学习的精神，"教学相长"，"三人行必有我师焉"，强调教师和学生在知识面前具有平等的地位，"是故弟子不必不如师，师不必贤于弟子。闻道有先后，术业有专攻，如是而已"。在西方教育史上，尽管在师生关系上有"教师中心说"和"学生中心说"的不同取向，但是人

---

① 让·弗朗索瓦·利奥塔尔著，车槿山译. 后现代状态——关于知识的报告[M].北京：生活·读书·新知三联书店，1997：3.

们始终相信，教师在知识的传播方面具有重要作用。然而，教师本人应该具备哪些知识？教师的知识与其他具有相当教育程度的、从事其他行业工作的人所掌握的知识具有什么区别？这些问题，直到20世纪六七十年代，有关教师知识的研究兴起和发展之后才开始得到正视和较为系统的研究。① 因此，对教师知识的研究程度与教师在教育过程中所具有的重要地位极不相称，急需通过大量的深入研究来丰富我们对教师职业和教师培养的认识。

伴随着《国家处于危机之中：教育改革势在必行》报告的发表，美国教育界以"追求卓越"为目标的教育改革在前所未有的社会公众关注中拉开了帷幕。这场教育改革中，一方面，教师短缺的现象引起了社会对教师生存状况的关注；另一方面，教师的教学水平和知识水平受到了广泛的质疑和攻击，为社会对美国教育的不满背上了"黑锅"。面对着日益增长的教育需求和呈现老化、短缺趋势的教师队伍，面对批评和质疑，美国教育界再次举起了教师专业化的旗帜，提出确认教师职业的专业地位、建立专门化的教师培养体系、实施标准化的教师质量保障程序来提高教师的社会地位和教学质量的措施。

在这一轮教师专业化的改革和努力中，如何构建教师的专业知识基础成为讨论的核心议题之一。无论是由卡内基基金会资助的研究计划还是由顶级研究型大学教育学院组成的霍姆斯小组，都郑重地在报告中提出正视教师专业

---

① 有关教师知识研究的起点问题，主要有两种观点。一种观点（费斯特马切尔）认为，有关教师知识研究以20世纪60～70年代开始的提高教师教学效果的研究为开端，特别是以Gage对教学的科学基础的研究为标志。另一种观点（Munby，Russell，Martin）则认为教师知识的研究起源于20世纪80年代对教师专业知识基础的讨论和研究。关于这个问题，笔者认为，有关教学的科学基础的研究应该被看做是教师知识研究的萌芽阶段。原因有两点，第一，虽然从事教学科学知识基础研究的学者本身并不认为自己从事的是教师知识的研究，但是他们的研究成果构成了教师"需要知道的知识"。而且，尽管我们可以说一切有关教育的研究成果都是"教师应掌握的知识"，但相比在此之前有关学习和学习规律的研究主要以学生为研究对象而言，把研究的视角投向教师是一个巨大的进步。第二，在此之前有关教学的研究很大程度上是以"学徒"或"工匠"模式看待教师和教师培养的，忽视了教师是社会中掌握知识的群体这一重要特征，把教师工作等同于一般技术工作。在此背景下进行的教学科学基础的研究事实上代表着教育界对教师职业的地位的思考向前推进了一步。当然，不可否认，针对教师专业知识基础的研究的前提是将教学看做是一门专业，教学的科学知识基础研究不能回答教师专业知识基础研究所提出的最核心的问题——教师的知识与其他具有同等文化程度的人的知识是否有差异。因此，笔者倾向于第一种观点，认为教师知识的研究起源于有关教学的科学基础的研究，但是比较成熟的教师专业知识基础研究当以20世纪80年代以后的研究和讨论为代表。

知识基础、重新树立教师专业地位的问题。同时，这次以教师专业化为核心的改革对教师的培养制度、教师资格证书制度和教师教育课程都提出了不同的要求，对教师专业知识基础的认识和挖掘则成为了改革的依据之一。更重要的是，当代美国以追求教师专业地位为核心的教师教育改革并未随 20 世纪 80 年代追求卓越的教育改革运动结束而中止，而是一直持续到今天。因此，尽管阶段重点不同，但是考察教师专业知识基础的问题对于深入认识教师专业化问题，对于深入理解美国教师教育的课程和教师质量保障体系仍然十分必要。

进入 21 世纪之后，美国传统的以大学(教师)教育学院(系)为主的教师教育体系受到了极大冲击。每年毕业于可选择性教师教育项目的教师占到新入职教师的 10%。与传统教师培养体系相比，可选择性教师培养项目关注师范生的实践学习，砍掉了被看做是"毫无益处"的教育学知识，师范生在大学的学习内容基本上局限在学科知识领域，往往以短期的教学实习代替传统培养模式中的教育专业课程，因此培养期极短。此类可选择性教师培养项目的出现及美国教师教育体系由此所产生的"解制主义"改革，在一定程度上承认了教师实践学习及实践知识的重要性，但却进一步弱化了有关教育学知识，特别是教育理论知识在教师培养中的必要性。

当前，国内外有关教师的专业化研究、有关教师专业知识基础的研究特别是对美国相关方面的研究已经取得了丰硕的成果。在与教师知识研究相关的其他方面，如对教师教育课程的研究、教师培养机构的研究，对教师知识生产者的研究方面也取得了较大的进展。然而，尽管有研究尝试着从认识论的角度回答教师知识的"确证"问题，试图在传统认识论的框架下为教师知识提供合法性证明，但是从知识的生产角度和权力的合法性角度对教师知识的研究还不够系统。在此背景下，从知识的"立法者"合法化的角度和决定知识的权力的角度对教师知识进行研究的时机已经成熟，并且要扩大教师知识的研究视角，深化我们对教师知识的认识。因此，本文尝试着从教师知识的主体维度和权力维度进行初步的研究。

二、有关教师知识的研究进展

(一)关于教师知识研究的综述

1. 什么是教师知识

关于教师知识，研究者出于不同立场和研究视角做出了多样化的解读。首先，"什么是教师知识"就始终是学者们争论不休的话题。提出比较有代表性的看法的有：舒尔曼（Lee Shulman）、格罗斯曼（Pam Grossman）、格雷米特（Peter Philip Grimmett）、埃里克森（Gaalen Erickson）、克兰迪宁和康奈利（Jean Clandinin & Micheal Connelly，）卡特尔（Kathy Carter）、汤姆·拉塞尔（Tom Russell）等人。

早期有关有效教学的研究曾经提出了一系列教师应该掌握的教学原则，比如课堂导入的方式、教学的时间安排、教师与学生互动的方式等，甚至有的研究还具体到告诉教师，当学生端坐在书桌前时，他们的头的朝向、脚的位置等身体语言会告诉教师学生的注意力是处在高度集中还是分散的状态。然而，这些研究者并不认为自己正在从事教师知识的研究，而是认为自己的研究成果是教师应掌握的命题知识。① 后来的研究者对上述有效教学取向的研究提出了有力的批评。因此，当前有关教师知识的研究中，类似这样从教育心理学或学习心理学的角度开展的有关教师的教学行为和教学策略的研究，往往被归结为教师素质研究或是教师能力研究，而有关"教师知识研究"对象则特指教师从事教学工作的特定的知识基础。这类研究的出发点是，如果把教学工作看做一个专门职业的话，那么，就像医生要具备医学知识、律师要具备法律知识一样，教学这个专门职业也要具备特定的知识基础。

舒尔曼认为，霍姆斯小组的报告和卡内基报告都提出要加强教师专业化的问题，而教师能够"专业化"是因为存在着教师的"专业知识基础"——一系列编码的和可编码的知识、技能、理解、技术、伦理和品性、集体责任的集合，以及表述和交流上述集合的途径。② 所谓"教师知识"，就是要通过研究回答下列问题：教师知识的来源是什么？教师的知识基础是什么？他们何时掌握知识？教师如何学习新的知识？新老知识怎样相互结合生成新的知识？③卡特尔和舒尔曼对教师知识的看法有相似之处，她认为，教师知识是指教师

---

① Fenstermacher，G. D. (1994). The knower and the known: the nature of knowledge in research on teaching. *Review of Research in Education*，(20)，3-56.

② Shulman，L. S. (1987). Knowledge and teaching: foundations of the new reform. *Harvard Educational Review*，37(1)，1-22.

③ Shulman，L. S. (1986)Those who understand: knowledge growth in teaching. *Educational Research*，15(2)，4-14.

了解了什么、需要知道什么及知识是如何组织的。①

　　费斯特马切尔(Gary D. Fenstermacher)从哲学认识论的角度提出，教师知识的研究应该主要研究知识的性质问题，即：知识的形式是什么？知识是如何得到确证的？知识的概念与信念和观点的概念有哪些区别？知识当中如何包含不同的科学概念和人类思维过程？

　　与费斯特马切尔建立在传统哲学认识论角度的分析视角不同，克兰迪宁和康奈利提出了"教师专业知识背景(Teachers' Professional Knowledge Landscapes)"概念，用来补充认识论意义上的"教师知识"范畴。他们指出，对教师知识的研究不能是脱离教师个体的工作场景的，因为教师是在从事专业工作的背景下运用其专业知识的。因此，在费斯特马切尔提出的四个问题之外，克兰迪宁和康奈利提出，应该增加第五个分析维度，那就是"教师知识是如何在教师工作的专业环境中构建的"。在克兰迪宁和康奈利看来，增加的维度与前四项问题具有内在的联系，因为回答了"如何在教师的专业工作环境中构建教师知识"，也就回答了费斯特马切尔提出的四个问题。为了准确地描述个体化的"教师专业知识背景"，克兰迪宁和康奈利认为，最好的方法是通过教师的叙事来呈现教师工作的场景及其自身对这一专业场景的解释。

　　此外，与通过控制变量而获得的有关有效教学行为研究不同，还有研究者认为，教师的知识可以在教学环境中凭借自身的经验获得。而教师通过经验获得的实践知识具有个人、缄默的特征。卡特尔认为，实践知识是指教师在课堂环境中实施有目的的行为时对课堂情境和面临的实践困境的认识。②相比卡特尔，克兰迪宁和康奈利首先分析了教育理论与实践的二元认识困境，并力图超越理论与实践的划分来分析教师知识。因此，更准确地说，克兰迪宁和康奈利提出的"教师实践知识"概念应该看做是从实践角度定义教师知识。他们认为，"教师知识"是在个人实践过程中表达出的、源自经验(包括个人

　　① Munby, H. , Russell, T. & Martin, A. K. (2002). Teacher's knowledge and how it develops. In V. Richardson (Ed.), *Handbook of research on teaching* (pp. 887-904). Washington, DC: American Education Research Association.

　　② Carter, K. (1990). Teachers' knowledge and learning to teach. In W. R. Houston, M. Haberman & J. Sikula (Eds.), Handbook of research on teacher education: a project of the Association of Teacher Educators (pp. 291-310). New York: Macmillan Publishing Company.

的、社会的和传统的)的信念、意义、意识或无意识体系。① 另一位对教师实践知识进行了系统研究的学者埃尔鲍兹(Freema Elbaz)则认为，随着经验的增加，教师会越来越多地展现出他们所拥有的大量知识。这些知识包括对学生学习风格、学习兴趣和需要、学生的长处和短处、学生在学习中遇到的困难及解决这些问题的一系列教学和课堂管理技能。教师了解学校的社会结构，了解作为教师和学生要在学校的社会结构中生活并取得成果需要满足哪些条件；教师了解学校所处的社区，对于哪些行为能够被社区所接受也有自己的认识。埃尔鲍兹认为，上述教师经验性的知识是以教师对课程，对儿童发展、学习和社会理论的知识为基础的。所有这些知识同教师的价值观和信念及教师所面对的实践情境相互结合在一起就构成了教师的"实践知识"。②

对命题式的"技术理性"的专业知识观不满的还有舍恩(Donald Alan Schōn)。舍恩认为，专业人员的认识过程是一个"反映—实践"③和"行动—认识"的过程。概括地说就是专业人员的实践是面对一个又一个的实际问题。在这种情况下，实践者首先重新认识问题的情境，将问题纳入自己原有的知识结构中进行"重构"，把问题重构为自己熟悉的问题情境，或是将问题重新归类，再用熟悉的方式解决，同时找到当前问题的特殊性，然后在解决问题的过程中完成知识的更新。以舍恩的反映认识论为指导，教师的教学被看做是反映型实践，教师的认识过程也被看做是行动中的认识。这类教师知识研究也被看做是教师实践知识研究，但是相比克兰迪宁和康奈利及埃尔鲍兹的教

---

① Connelly，M. & Clandinin，D. J. (1995). Teachers' professional knowledge landscapes：secret，sacred and cover stories. In D. J. Clandinin & M. Connelly (Eds.)，Teachers' professional knowledge landscapes (pp. 3-15). New York：Teachers College Press.

② Elbaz，F. (1983). *Teacher thinking：a study of practical knowledge*. New York：Nichols Publishing Company.

③ Reflection，reflective practice 和 reflective practitioner 在学术界有两种通行译法。一种是将 reflection 译为"反思"，那么后两者就顺理成章地译为"反思—实践"和"反思的实践者"。然而，舍恩著作的译者夏林清教授认为，在探讨有关专业人员认识论的问题时，reflection 译为"反映"，更能够传达出专业人员在专业实践过程中对实践情境做出即时性的思考的意思，这种思考本身并不包含"反省"的意味。(详见[美]舍恩.反映的实践者——专业工作者如何在行动中思考.夏林清译.北京：教育科学出版社，2007.一书中文版译者序言)笔者研读舍恩和其他有关反映认识论的著作后，也较为赞同夏林清教授的意见。故而本书大多数情况下沿用"反映""反映实践"和"反映的实践者"说法。个别引用其他著作作品之处，则沿用原文，不做修改。

师实践知识研究而言，"反映—实践"式的教师实践知识研究不仅仅关注教师已经具有什么知识，也不像后者那样仿佛是不加选择地将教师与教学和教学环境相关的叙事都看做是教师知识。相反，"反映—实践"式的教师实践知识仅仅关心教师在课堂教学中的认识过程，并且把"反映—认识"的结果看做教师的专业知识。因此费斯特马切尔认为，舍恩的反映实践知识和克兰迪宁、康奈利及埃尔鲍兹的实践知识研究应该是关于教师实践知识研究的两个流派。

从上述关于教师知识的界定中不难看出，尽管研究者基于不同的研究背景和知识观对教师知识的研究范畴有着不同的看法，但"什么是教师知识"这个问题其实被上述学者转化为"什么是教师的知识基础"。而且，教师知识研究的热潮是在20世纪80年代之后出现，并且在大力提倡教师专业化的背景下发展起来的，因此从这个角度来看，很多学者又将"教师知识"界定为"教师的专业知识基础"，也就是教师得以从事教学工作所应具备的知识基础的问题。

2. 有关教师知识的研究取向

费斯特马切尔提出，对教师知识研究的考察应该从四个方面进行：(1)有哪些知识是关于有效教学的？(2)教师掌握了什么知识？(3)对教学来说关键的知识是什么？(4)谁是教师知识的生产者？费斯特马切尔又从认识论的角度将教师知识分为正式的教师知识(TK/F)和实践的教师知识(TK/P)。在费斯特马切尔看来，符合传统哲学认识论的"经过确证的"知识，也就是通常我们所说的经过科学实验获得的、能够被反复检验的命题式的科学知识；而实践的教师知识简单地说就是教师在教学实践中获得的、以叙事或是缄默形式呈现的、表达教师对教学环境和所有与教学相关的因素的认识的教师知识。费斯特马切尔还指出，西方特别是在英语国家完成的教师知识研究从知识源流上应该分开考察。20世纪80年代以前进行的教师知识研究通常都是从教育心理学角度对教师有效的教学行为和专家教师的教学专业技能进行研究，然后将研究成果通过教师教育机构以教学原则和教学法的方式传授给未来的教师。这种模式的教师知识研究在费斯特马切尔看来，实际上回答的是"教育研究者准备什么样的知识给未来教师"，不考虑教师已有的知识结构、不考虑教师对所教学科知识的掌握情况。因此，从事这类研究的学者并不认为自己从事的是教师知识研究，而是认为自己的研究成果是教师应掌握的知识。① 这类知识在费斯特马切尔看来最能够代表正式的教师知识。

丹尼尔·P.利斯顿(Daniel P. Liston)和肯尼思·查切纳(Kenneth Zeichner)认为，关于教师知识的研究主要有两个取向。一个取向认为，教师的知识是孤立的、依靠教师的习惯和偶尔的灵感，不具备反思性；而另外一个研究取向则与之相反，认为教师的实践知识和个人知识是丰富的、重要的，而且是可信的。后一种研究取向正是以埃尔鲍兹、克兰迪宁和康奈利及舍恩和费斯特马切尔的教师实践知识研究为代表的。②

卡特尔认为，教师知识研究可以分为三个取向：信息加工取向、教师实践知识研究取向和学科教学法知识研究取向。信息加工取向的教师知识研究主要关注教师决策形成的过程及专家教师与新手教师的对比研究。这类研究通常包含了对心理结构的研究，关注教师考虑教学工作时运用的认知过程。"教师实践知识"，在卡特尔看来，广义上是指教师对课堂环境的认识，以及教师在教室环境中进行有目的的教学活动中遇到的实践困境。对教师实践知识的研究主要包括教师个人实践和有关课堂知识。学科教学法研究取向是指与教学内容相关的教师知识，其中，学科教学法知识是一系列与教学内容相关的教师知识的核心，因此卡特尔以学科教学法知识来命名此研究取向。③

高登伯格(Claude Golderberg)和高利摩尔(Ronald Gallimore)提出了教师的本土知识和研究知识的划分，认为教师知识的研究应该包含本土知识和研究知识两个取向。④ 莱因哈迪特(Gaea Leinhardt)则把教师知识的取向界定为

---

① Fenstermacher，F. D. (1994). The knower and the known: the nature of knowledge in research on teaching. *Review of Research in Education*，(20)，3-56.

② Liston，D. P. & Zeichner，K. (1991). *Teacher education and the social conditions of schooling*. New York: Routhledge.

③ Carter，K. (1990). Teachers' knowledge and learning to teach. In W. R. Houston, M. Haberman & J. Sikula (Eds.)，*Handbook of research on teacher education: a project of the Association of Teacher Educators* (pp. 291-310). New York: Macmillan Publishing Company.

④ Goldenberg，C. & Gallimore，R. (1991). Local knowledge, research knowledge, and educational change: a case study of early Spanish reading improvement. *Educational Researcher*，20(8)，2-14.

工艺知识和情境知识取向。① 此外，奥顿(Robert Orton)也提出了情境知识取向的教师知识研究，但是与情境知识相对应的，并不是工艺知识而是缄默知识。②

博尔科(Hilda Borko)和普特南(Ralph Putnam)还从心理学的角度梳理了教师知识研究。他们认为，以心理学研究为基础的教师知识研究主要分为三类。第一类，普通的教学知识。这类知识主要关注自我概念与学习、学习者与学习和课堂管理三个主题。第二类，关于学科的知识和信念研究，包括专业领域中的知识增长研究，如格罗斯曼和舒尔曼认为，教师进入专业领域中时对将要讲授的科目有不同的理解，从而影响了教师的教学效果。第三类，教学知识和观念的研究，这类研究关注有关教学策略和表征的知识，以及如何向新手教师传递教学内容知识(Pedagogical Content Knowledge)。

针对教师知识研究的分类，我国有学者从教师知识研究的理论基础视角出发，把教师知识研究分为三类：实证主义知识观、诠释主义知识观和知识的认知加工观③。有的研究者从教师知识的特点出发，提出教师知识研究主要包括教师知识基础、教师实践知识和教师情境知识④。还有学者从教师知识的特性出发，认为教师知识主要包含学科取向的"内容知识"和实践取向的"默会知识"。⑤ 还有学者从关照空间的角度区分了"个人"和"公共"领域的知识，提出了个人取向和公共取向的教师知识研究的划分。⑥

从目前西方和我国有关教师知识研究的现状来看，学科知识取向的教师知识研究和实践取向的教师知识其理论依据相对完整、研究方法和研究项目获得了较多的资助，同时，研究成果对教师教育的理论和实践发展具有较大

---

① Leinhardt, G. (1988). Situated knowledge and expertise in teaching. In J. Calderhead (Ed.), *Teachers' professional learning* (pp.146-168). London: Falmer.

② Orton, R. E. (1993). Two problems with teacher knowledge. In A. Thompson (Ed.), *Philosophy of education*. Urbana, IL: Philosophy of Education Society.

③ 李琼，倪玉菁. 西方不同路向的教师知识研究述评[J]. 比较教育研究，2006 (5)：76-81.

④ 杨翠蓉，胡谊，吴庆麟. 教师知识的研究综述[J]. 心理科学，2005，28(5)：1167-1169.

⑤ 邹斌，陈向明. 教师知识概念的溯源[J]. 课程·教材·教法，2005，25(6)：85-89.

⑥ 张立昌. "教师个人知识"含义、特征及其自我更新的构想[J]. 教育理论与实践，2002，22(10)：30-33.

的影响力，因此这两个取向的教师知识研究受到了较多的关注。

3. 教师知识的构成

教师知识的研究者对教师知识的构成有着不同的解读。特别是由于研究者自身的认识论基础和研究侧重点不同，究竟教师知识应该覆盖哪些领域，不同的研究者争议较大。

格罗斯曼早期认为，教师知识包括四个方面：普通教育学知识、学科知识、学科教学法知识和关于教学环境的知识。① 后来，格罗斯曼又重新划分了教师知识的领域，把教师知识的范围重新划定为：学科教学法知识；关于学习者和学习的知识；关于普通教育学的知识；学科知识；关于教学环境的知识和关于自我的知识。② 就知识的形式来说，格罗斯曼借鉴了布鲁纳(Jerome Seymour Bruner)有关知识形式的划分，认为教师知识具有两种形式，一种是例证的，另一种是叙事的。格罗斯曼进一步详细解释了各类知识的含义。普通教育学知识关注的是有关教学的研究，是与教学相关的普通知识、信念和技能。学科知识包括教师所教学科的全部知识，借鉴施瓦布(Joseph J. Schwab)关于学科知识结构的分析，格罗斯曼认为，所谓学科知识的全部内容，应该是包括学科的"实词结构(Substantive structure)"和"句法结构(Syntactic structure)"，前者指学科领域内影响知识的组织方式和研究方式的不同范式，而后者则指对该学科经典论证的理解或是从事该领域研究的人评估学科知识的方法。学科教学法知识是指教师在学生已有的知识和兴趣的基础上解读当前特定的教学内容。在格罗斯曼看来，学科教学法知识由四个核心部分构成：有关各年级水平的教学目的的知识；有关学生在学科领域内某个特定题目的理解、观念和错误观念的知识；有关课程的知识，包括对教材的了解、对某一课程在课程领域内的地位的认识；关于教学策略和呈现具体教学主题的知识。有关教学环境的知识则包括教师对所在学区的了解、对学校环境和学校文化，以及其他影响教学的学校因素的了解和对学生和社区的认识。教师四个方面的知识是以一定结构联系起来的，如图1所示。

① Grossman，P. L. (1990). *The making of teacher：teacher knowledge and teacher education*. New York：Teachers College Press.

② Grossman，P. L. (1997). Teachers' knowledge. In L. J. Saha (Ed.)，*International encyclopedia of the sociology of education* (pp. 692-697). Oxford：Elsevier Science Ltd.

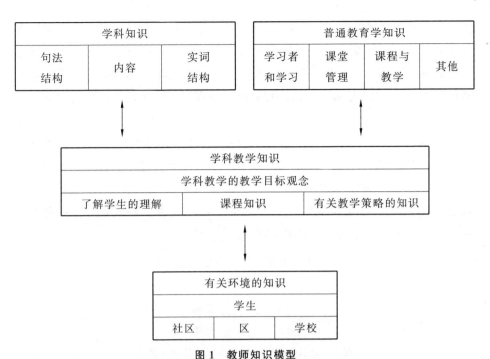

图 1　教师知识模型

资料来源：Grossman，P. L. *The making of teacher*：*teacher knowledge and teacher education*.

　　从教师知识的来源看，格罗斯曼认为，教师的学科教学知识来源有几个方面：专门的学科教学法课程、见习、学科知识和从教后的经验。①

　　以教师学科知识取向研究见长的舒尔曼则认为，教师的学科知识分为了七类：内容知识（content knowledge）、一般教学法知识（general pedagogical knowledge）、课程知识（curriculum knowledge）、学科教学法知识（pedagogical content knowledge）、对学习者及其特点的知识（knowledge of learners and their characteristics）、关于教育环境的知识（knowledge of educational context）及关于教育结果、目标和价值的知识（knowledge of educational ends purpose and values）。② 在知识的形式方面，舒尔曼的划分比较烦琐。舒尔曼认为，教师知识主要包含三种形式：命题知识、个案知识和策略知识。命题知

①　Grossman，P. L. (1990). *The making of teacher*：*teacher knowledge and teacher education*. New York：Teachers College Press.

②　Shulman，L. S. (1987). Knowledge and teaching：foundations of the new reform. *Harvard Educational Review*，37(1)，1-22.

识是指有关教学研究及其应用的知识，但是与我们通常理解的略有不同，在舒尔曼看来，命题知识当中是包含实践智慧的；个案知识是命题知识的补充或者说是具体化，策略知识则是将教师的命题知识和个案知识应用于教育实践的分析过程。"一旦策略分析过程完成或结束，策略知识就会以新的命题或案例的形式存储起来。"①命题知识和个案知识都还可以再进一步划分：命题知识可以再划分为原则（principles，指经过实证研究得到的一般的原理或原则）、信条（maxims，指未被证实的经验的总结）和典范（norms，指价值观、思想和信念等）。命题知识可以划分为原型（prototypes）、先例（precedents）和比喻（parables）。命题知识的三个子类和个案知识的三个子类具有一定的联系，可以大致构成对应关系如图 2 所示。

命题知识　　　　　个案知识

原则————————原型

信条————————先例

典范————————比喻

图 2　舒尔曼提出的知识类型及其对应关系

一般而言，在舒尔曼的理论体系当中，命题知识和个案知识属于"存储"的知识，而策略知识则属于"运用"的知识。在克兰迪宁和康奈利看来，教师实践知识应该从以下几个方面进行分析：形象（image）、惯例（rules）、实践原则（practical principles）、个人哲学（personal philosophy）、比喻（metaphor）、周期（cycles）、节律（rhythms）及叙述连贯性（narrative unities）。②

埃尔鲍兹明确地将教师实践知识分成以下三个方面：关于自我与教学环境的知识、学科知识及关于课程发展和教学的知识。具体的教师实践知识则包括五类：自我（Self）、教学环境（milieu of teaching）、学科相关知识（subject matter）、课程发展（curriculum development）、教学知识（instruction）。

除从实践取向和学科教学取向探讨教师知识的构成外，还有一类关于教师知识的研究，它并不热衷于讨论教师的知识结构，而是更看重教师的社会

---

① Shulman，L. S.（1986）. Those who understand：knowledge growth in teaching. *Educational Research*，15(2)，4-14.

② Bejaard，D.，Van Driel，J. H. & Verloop，N.（1999）. Evaluation of story-line methodology in research on teachers' practical knowledge. *Studies in Education Evaluation*，25(1)，47-62.

角色及其社会文化知识。其中比较具有代表性的研究有，巴切曼(Margret Buchmann)教师知识的社会习俗说及丹尼尔·P.利斯顿和肯尼思·查切纳提出的教师社会知识说。借用现象学哲学的观点，巴切曼认为，教学的惯例和习俗与文化模式的功能相似，都是"避免麻烦"，所以教师往往倾向直接点明方法，用浅显的事实去代替不易证明的事实，用能够自圆其说的理论去代替容易引发争议的学说。巴切曼认为，教学惯例应该通过教学的"专家技能"来改善和提高。因为"专家技能"能够判断教学方法是否得当、检测教学结果，考虑到教学的目的而不仅仅是手段；其次，"专家技能"可以帮助教师获得不那么"典型"的教师教学实践，比如解释、讨论、详解教师遇到的困难等。巴切曼认为，教师的"专家技能"看起来似乎只是偶尔灵光乍现，所以人们往往以为这是不能培养的。①

利斯顿和查切纳提出的社会取向的教师知识和教师教育的观点主要是将实践取向的教师知识研究同教师社会知识的发展结合起来。在利斯顿和查切纳看来，实践取向的教师知识研究忽视了教师作为知识人的社会身份，特别是舍恩的"反思－实践"型教师知识研究仅仅局限于教师的课堂教学实践，而忽视了教学实践的社会背景和环境。因此，他们提出，教师不仅要能够对教学实践进行反思，还要反思自身的社会信念，主要包括三个方面的问题：(1)教师的社会观念是否得到了正确的反映？(2)教师的社会观念与其他信念、价值观是否一致？(3)教师的社会观念和价值观在道德上和政治上能否站得住脚？他们还进一步指出，社会取向的教师知识属于缄默知识的范畴。

关于教师实践性知识的构成，我国学者陈向明认为应包含六个方面的内容：(1)教师的教育信念；(2)教师的自我知识，包括自我概念、自我评估、自我教学效能感、对自我调节的认识等；(3)教师的人际知识，包括对学生的感知和了解(是否关注学生，受到学生召唤时恰当地做出回应，有效地与学生沟通)、热情(是否愿意帮助学生)和激情(是否有一种想要了解周围世界的要求，一种想要找到答案并想向别人解释的欲望，能否用这种激情感染学生)；(4)教师的情境知识，主要透过教师的教学机智反映出来；(5)教师的策略性知识，主要指教师在教学活动中表现出来的对理论性知识的理解和把握，主要基于教师个人的经验和思考；(6)教师的批判反思知识，主要表现在教师日

---

① Liston, D. P. & Zeichner, K. (1991). *Teacher education and the social conditions of schooling*. New York: Routhledge.

常"有心"的行动中。①

除陈向明教授从实践知识的取向提出上述构成之外，我国还有大批学者对教师的知识结构进行了研究。比如我国较早的关于教师知识结构的研究认为，教师应该具备四个方面的知识：本体性知识，也就是教师的学科知识；条件性知识，指教师所具有的教育学和心理学知识；实践性知识，指教师在面临实现有目的的行为中所具有的课堂情景知识及与之相关的知识（教师教学经验的积累）；文化知识，指教师广泛的人文和社会知识基础。② 冯建军认为，教师职业具有"双专业性"和"边际性"的特征，即不仅仅是传递知识，还要通过知识的传递达到教书育人的目的，因此教师不仅要知道"教什么"，还要懂得"怎么教"。他认为，教师的知识结构由四个方面构成：学科的专业知识、通识文化知识、教育理论知识和个人实践性知识。③ 刘清华认为，中小学教师知识应该分为八种类型：学科内容知识、学科教学知识、课程知识、教育目的及价值知识、一般教学法知识、学生的知识、教师自我知识和教育情景知识。④

4. 当前我国教师知识研究的主要视角

我国一部分学者尝试着从心理学的角度对教师知识结构和教师能力构成展开的研究。如林崇德、辛涛、申继亮对教师素质结构和教师知识结构的研究，⑤ 袁克定对教师策略知识的研究等。⑥

更多的学者对教师实践知识的研究发生了浓厚的兴趣，他们的研究相对也比较深入。陈向明在介绍西方教师实践知识研究的基础上进行了一系列本

---

① 陈向明. 实践性知识：教师专业发展的知识基础[J].北京大学教育评论，2003，1(1)：104-112.

② 辛涛，申继亮，林崇德. 从教师的知识结构看师范教育的改革[J].高等师范教育研究，1999(6)：12-17.

③ 冯建军. 从教师的知识结构看教师教育课程的改革[J].中小学教师培训，2004(8)：3-6.

④ 刘清华. 教师知识研究的问题与建构路向[J].教育理论与实践，2005，25(11)：45-48.

⑤ 林崇德，申继亮，辛涛. 教师素质的构成及其培养途径[J].中国教育学刊，1996(6)：16-22；辛涛，申继亮，林崇德. 从教师的知识结构看师范教育的改革[J].高等师范教育研究，1999(6)：12-17.

⑥ 袁克定. 教师策略性知识的成分与结构特征研究[J].北京师范大学学报（人文社会科学版），2002(4)：35-42.

土化的教师实践知识研究和教师参与式培训的尝试。① 有研究者从思维的高级形式——语言的角度探讨了教师的反思性语言，提出教师的反思性语言具有三种形态：描述式的反思性语言、对话式的反思性语言、批判式的反思性语言。② 李莉春以哈贝马斯(Jürgen Habermas)的认知兴趣理论为基础，通过一对教师师徒的叙事研究探讨了教师反思的层次。哈贝马斯区分了三种认知兴趣：技术性、实践性和解放性，并且指出，每一种认知兴趣都具有与其相适应的知识形式。根据这一观点，李莉春提出，教师的反思水平也具有相应的三个层次，即技术性反思、实践性反思和解放性反思，这三个层次的反思之间相互支撑、互相影响形成了教师反思的层次结构。③ 刘慧霞从一名中学教师的角度探讨了教学经验与实践性知识的关系。④ 值得注意的是，在我国学者关于实践知识的研究中，并没有刻意区分以埃尔鲍兹、克兰迪宁和康奈利为代表的实践取向的教师知识研究和以舍恩为代表的"反思—实践"型教师知识研究。

　　还有学者从知识管理的角度，对教师的隐性知识进行了研究，提出了教师专业知识通过建立"习得性、交流性和发现性三位一体的专业发展模式""课后小结与札记"和"教师专业生活史"研究推动教师的专业知识从"隐性"走向"显性"。⑤ 另外还有一部分学者的思路与舒尔曼相类似，提出了教师专业知识的构成问题。除前文提到的冯建军等学者外，还有李琼、倪玉菁对小学数学教师知识结构的研究和分析。⑥

　　从前文的综述中可以发现，当前我国教师知识的主要视角主要集中在教师知识的构成、来源及其与教师教育课程的关系研究上。在有关西方教师知识研究的比较研究中，较多地将视角放在整理、借鉴西方教师知识结构的研

　　① 邹斌，陈向明.教师知识概念的溯源[J].课程·教材·教法，2005，25(6)：85-89；陈向明.教师的作用是什么——对教师隐喻的分析[J].教育研究与实验，2001(1)：13-19；陈向明.实践性知识：教师专业发展的知识基础[J].北京大学教育评论，2003，1(1)：104-112.
　　② 杨帆.教师的反思性语言形态[J].北京大学教育评论，2008，6(1)：79-91.
　　③ 李莉春.教师在行动中反思的层次与能力[J].北京大学教育评论，2008，6(1)：92-104.
　　④ 刘慧霞.捕捉教师的实践性知识[J].北京大学教育评论，2008，6(1)：106-110.
　　⑤ 张民选.专业知识显性化与教师专业发展[J].教育研究，2002(1)：14-31.
　　⑥ 李琼，倪玉菁.小学数学课堂对话的特点：对专家教师与非专家教师的比较[J].课程·教材·教法，2007，27(11)：36-40.

究以及借鉴教师知识研究的方法上。在教师研究的某些专门领域，特别是在有关教师实践知识和个人知识的研究方面我国研究者进行了较为深入的探讨。如华东师范大学的姜美玲以现象学教育学为理论依托，采取叙事方法对教师实践知识进行了专门研究；① 华东师范大学的吴卫东以问卷和访谈相结合的方法探讨了教师个人知识的多种表征形式。② 西北师范大学的周福盛通过问卷调查的方式对教师个人知识的构成和发展进行了深入研究。③ 稍早的研究还有针对构建教师知识模式的尝试，如西南师范大学的刘清华通过问卷调查的方法构建了教师知识的模型。④ 还有的研究虽然没有以"教师知识"冠名，但仍然属于教师知识研究的范畴，如华东师范大学的鞠玉翠以叙事研究方法对若干位教师在教学实践中的困境和成长历程进行了考察。尽管冠之以"教师个人实践理论"的名称，但其内容与克兰迪宁和康奈利所界定的教师实践知识几乎没有差别。

此外，还有研究者从知识管理的角度对教师知识进行了研究，如南京师范大学的岳亚平从教师知识管理的角度完成了对幼儿教师个人知识管理策略的研究。⑤

总体说来，当前我国教育界对教师知识的研究已经达到了较为深入的程度。虽然在研究的概念框架和研究方法上借鉴了大量西方特别是英语国家的教师知识研究，但是在研究本土化方面取得了较大的进展。对于分析和研究我国的教师知识状况、思考有关教师教育课程设计和提高教师素质方面具有较高的理论价值。然而，在介绍、引进教师知识研究并进行本土化尝试的同时，西方教师知识研究、特别是美国教师知识研究的另外一项传统并未引起我国研究者的充分重视，那就是从认识论角度和教师教育体系的构建角度对教师知识的探讨。这类探讨的研究问题集中在：从认识论角度，教师知识如

---

① 姜美玲. 教师实践性知识研究[D]. 上海：华东师范大学教育科学学院，2006.

② 吴卫东. 教师个人知识研究——以小学数学教师为例[D]. 上海：华东师范大学教育科学学院，2007.

③ 周福盛. 教师个体知识的构成及发展研究[D]. 兰州：西北师范大学教育学院，2006.

④ 刘清华. 教师知识的模型建构研究[D]. 重庆：西南师范大学教育科学研究所，2004.

⑤ 岳亚平. 教师个人知识管理策略的研究——基于幼儿园团体学习中的知识管理研究[D]. 南京：南京师范大学教育科学学院，2007.

何被"确证"，从而成为合法的知识？教师知识研究的成果如何体现在教师教育的课程和对教师的要求中？即教师知识是如何完成在教师教育体系中的合法化的？

(二)关于教师知识的合法性研究

哈格里夫斯(Andy Hargreaves)认为，长期以来，西方社会教师的培养主要在以大学为主的教师教育机构中开展，并且形成了"知识应用(knowledge utilization)"范式的教师知识取向。在这一取向下，大学被看做是生产教师知识的殿堂，大学教授和教师教育者是教师知识的生产者，教师是知识的接收者和使用者。① 教师要做的是，在大学学习有关教学的知识，然后将其应用于自己的工作情境。因此，"知识应用"范式的教师知识取向中，教师的学习是通过传播模式实现的：大学或是教师培养机构将有关教学的知识"传递"给师范生。基于上述理论与实践知识的二元认识论，早期教师知识的合法化研究集中于教师如何成为合法的知识生产者，生成于教师个体的"个人知识""本土知识"或"实践知识"是否与大学中所传授的"理论知识"具有同等重要的地位？因而，早期比较具有代表性的教师知识合法化研究偏重于从认识论的角度提出教师的个人知识或实践知识特别是表现为教师叙事的个人知识得以"确证"的条件，从而使教师知识在认识论上具有同科学知识同样崇高的地位。在这方面的努力较多的是费斯特马切尔和汤姆等人。

1. 费斯特马切尔对教师知识合法性的研究

费斯特马切尔本人对教师知识的看法总体是偏向实践取向的，但是与舍恩和克兰迪宁和康奈利等人不同，费斯特马切尔提出了"实践主张(practical argument)"的概念："实践主张的意思是一系列连续的思维过程，引导教师从表达理想的目的状态通过各种类型的前提(premise)去实现某种特定的目的行为。"②费斯特马切尔提出的"前提"主要包括两类：一类是情境前提(situational premises)，另一类是"经验前提"(emiprical premises)。前者主要

---

① Hargreaves，A.(1996). Transforming knowledge：blurring the boundaries between research，policy and practice. *Educational Evluation and Policy Analysis*，18(2)，105-122.

② Fenstermacher，F. D.(1988). The place of science and epistemology in Schon's conception of reflective practice? In P. P. Grimmett & G. L. Erickson (Eds.)，*Reflection in teacher education*. New York：Teachers College Press.

描述当前具体的教学环境，后者包含的范围则相对较广，包括可以通过测验来进行考察的教师对学生学习的看法、对学生的学习能力的了解，教师如何诊断和补偿学习困难学生，如何因材施教，以及教师拥有的其他的一系列能够、或是曾经被经验检验过的教学观念。① 在费斯特马切尔看来，经验前提是连接教育研究的成果与教师教学的桥梁。而且，经验前提在一定程度上还说明了研究与实践是如何联系在一起的。当研究成果补充或纠正了教师的经验前提、或是在教师的实践观点中引入了新的经验前提的时候，我们可以说研究的成果改变了现存的经验前提的内涵，此时研究成果就与教学实践发生了联系。因此，费斯特马切尔对实践知识的范围定义非常广泛，在他看来，几乎凡是不能以命题知识形式表现的"情境知识""缄默知识""工艺知识"都可以跟"实践知识"一样归类为"教师的实践知识"。那么"教师的实践知识"如何从认识论角度得到确证呢？

费斯特马切尔认为，不能用"技术理性"的范式去讨论教师实践知识的确证问题。费斯特马切尔提出，实践知识若要在认识论上获得合法性，可以采用几种方法。第一种方法是将传统的三段式的知识概念加以扩展，用研究话语和实践话语的关系体系中使实践知识得到确证。第二种方法是受到其他研究者的启发，承认叙事知识的合法性，不再把知识仅仅看做是科学知识。费斯特马切尔提出的第三种方法是从教师的理性角度去分析实践知识。下面具体分析这三种方法。费斯特马切尔提出了教师知识研究中的研究话语(R-discourse)和实践话语(P-disourse)的区分，以话语实践的方式修改了知识的传统表述。我们知道传统的知识表述方式，假设知识的拥有者是 S，信念是 P。那么 S 知道 P，当且仅当：

(1)S 相信 P；

(2)P 是真的；

(3)S 相信 P 得到了证实。

费斯特马切尔提出，在教师知识研究中，T 代表教师，教师使用实践话语(P-discourse)；R 代表研究者，研究者使用研究话语(R-disourse)。K 代表信念或是知识的先期形式。费斯特马切尔提出，研究者对实践知识的信念应

---

①   Fenstermacher, F. D. (1988). The place of science and epistemology in Schon's conception of reflective practice? In P. P. Grimmett & G. L. Erickson (Eds.), *Reflection in teacher education*. New York: Teachers College Press.

该在以下水平上产生：

第一级：T 表达了 K

第二级：T 知道 K

第三级：R 指出 T 表达了 K

第四级：R 知道 T 表达了 K

第五级：R 指出 T 知道 K

第六级：R 知道 T 知道 K

费斯特马切尔认为，如果研究者的研究话语中对教师实践"知识"的表达是处于第一级和第三级水平上的，那么就不能说这是一种"知识"，而只能说是某种意见或是观点。在传统的模式中，研究者是要把教师所不知道的知识传授给他们，但是在实践知识的研究中，研究者要面临两个挑战。首先，研究者需要先证明第二级的表述，然后才能保证第四级或第六级研究话语表达的是教师的实践知识。其次，研究者需要把第一级和第二级的表述区别出来，在第二级的表述得到确证之后才能解决研究话语的确证问题。

费斯特马切尔借用了吉尔兹（Clifford James Geertz）、费耶阿本德（Paul Karl Feyerabend）和布鲁纳等人对知识的研究，提出实践知识的合法性问题解决的根本途径在于改变把知识等同于科学的片面认识。吉尔兹和费耶阿本德等人的基本观点认为传统的知识定义过于狭窄，片面地强调了知识的客观性和终极性，并以此树立了认识中的权威，剥夺了其他形式的陈述成为知识的可能。现在所要做的，是重新思考陈述得以成为知识的条件，恢复叙事性陈述在知识家族中应有的一席之地。因此，要解决实践知识合法化的前提是叙事知识获得合法性。

教师实践知识合法化的第三条途径就是通过实践理性获得合法化。"实践理性（phronesis）"是亚里士多德提出的概念，指审慎地反思目的和手段的关系。在亚里士多德的时代，实践理性关心的是自然的状态和未知的复杂性："实践理性不仅是用预先确定的一般的技术去处理它们，而且还通过确认哪些行动组合适合复杂混乱的状态。"[1]实践理性关心的是行动的理由，简单地说，就是在特定的情境下，"合理"的行动，显而易见的行动或是不得不采取的行动。在费斯特马切尔看来，实践理性能够很好地解决实践知识的确证问题，

---

① Fenstermacher，F. D. (1994). The knower and the known: the nature of knowledge in research on teaching. *Review of Research in Education*，(20)，3-56.

因为实践理性对确证问题进行了有效的转换，知识的确证不再是"拿出证明"，而是给出"好的理由"。

2. 汤姆(Alan R. Tom)等人对教师知识合法性的研究

费斯特马切尔从认识论角度重点探讨了教师实践知识的合法性问题，汤姆和瓦利(Linda Valli)则从教师知识与实践的关系角度从整体上分析了教师知识的合法性。值得注意的是，汤姆和瓦利对教师知识研究取向的认识与费斯特马切尔不同，他们认为，教师知识的研究取向主要有四个方面：实证主义取向、阐释主义取向、批判取向和工艺知识取向。在汤姆和瓦利的分类中，教师的实践知识研究属于工艺知识取向的研究。汤姆和瓦利指出，实证主义的教师知识追求从研究中获得具有普适性的、不受环境影响的法则；阐释主义的教师知识则强调实践者在一定的社会环境中对社会行动、机构、事件、习俗等获得理解的意义生成的过程；批判取向的教师知识则强调教育机构对社会的阶级、种族和性别模式的反映，把教师的平等和正义的价值观放在核心地位上，强调通过教师的实践去展现和纠正不平等的关系；教师的工艺知识把教学看做是一种技巧，认为教师教育是一个传统行业通过师徒传授实现代际传承的问题。①

汤姆和瓦利认为，知识的确证就是指界定知识发生的条件，包括对知识的形式和运用条件的限定。② 因此，他们把作为教师专业的基础同其发生和运用的条件——实践联系起来考察教师知识的合法性。他们认为，由于实证知识追求普适性，强调获得具有普遍意义的一般法则，因此实证知识的生产过程排斥人的主观因素的参与。在实践中，实证知识关心的是能否提高实践的效果。因此需要教师对实践中运用实证知识的条件特别小心，因为抽象的原则和一般法则并不总是适用于特定情况的，需要教师发挥自己的能动性。这就与实证知识的诞生过程中对主观因素的排斥相矛盾。由此我们就可以看出，实证知识的合法性具有矛盾的特征，即"确定实证知识为真的条件与知识

---

① Tom，A. & Valli，A.（1990）. Professional knowledge for teachers. In W. R. Houston，M. Haberman，& J. Sikula（Eds.），*Handbook of research on teacher educa-tion：a project of the Association of Teacher Educators*（pp. 373-392）. New York：Macmil-lan Publishing Company.

② Ibid.

在实践中的运用条件不一致。"①对于阐释知识的合法性，汤姆和瓦利认为，阐释知识对实践的要求不再是以追求实践效果的提高为宗旨，而是以生成性的方式获得合法化。具体表现在两个方面：第一，阐释知识帮助教师从实际出发，以实践的视角去看待学校和社会，强调具体行动和意义生成；第二，帮助教师从司空见惯的教学活动中挖掘新的意义和理解，从而提升整个教学实践。批判知识的合法性比实证取向和阐释取向的教师知识合法性问题要复杂得多。因为批判理论本身是以新马克思主义、女性主义、自由主义等社会理论为基础的，而这些社会理论之间存在矛盾和冲突，因此对教师而言，采取批判的姿态本身不难，但是站在什么立场上进行批判就成了最大的问题。汤姆和瓦利提出，从总体上来看，批判取向的教师知识在实践中获得合法性的途径可以有两个方面：一是教师成为主动的探究者，身体力行地发现和改变教育中不平等的状况；二是从批判取向的教师知识所依据的社会理论当中去寻找其正当性，因此教师要对自身所处的社会和教育状况进行反思。

　　汤姆和瓦利在研究中对工艺知识的合法性问题语焉不详。这与其研究的局限性有关。总的说来，讨论知识与实践的联系的视角来分析教师知识的合法性是从知识的"效能"角度对知识的合法性进行考察，这种视角本身是可取的，但是由于汤姆和瓦利仅以线性的单一影响的维度去看教师知识与实践的关系，导致其分析略显机械，没有充分考虑到实践知识的来源与其他取向知识来源的不同之处，因此，对解释工艺知识同教学实践的关系显得无能为力。其次，由于教师职业和教师知识研究的复杂性，仅仅从教师知识对教育实践的"效用"角度去考察教师知识的合法性问题是远远不够的，因此其解释力有限，也是作者无法解释实践知识合法性的直接原因。

　　除上述代表性研究之外，事实上，随着21世纪以来美国"解制主义"教师培养的兴起，教育学知识(包括学科教学法知识)对教师培养的作用再次受到质疑，教师知识的合法性危机从来自教师个体的"实践知识"扩展到了传统教育学院(系)培养模式及其所生产和传递的教师专业知识体系，以"理论知识"面貌出现的传统命题知识也陷入和深深的危机，大学教育学院(系)的教师培

---

① Tom, A. & Valli, A. (1990). Professional knowledge for teachers. In W. R. Houston, M. Haberman, & J. Sikula (Eds.), *Handbook of research on teacher education: a project of the Association of Teacher Educators* (pp. 373-392). New York: Macmillan Publishing Company.

养体系受到了广泛的质疑。格罗斯曼认为，传统教师培养体系受到质疑的根本原因在于大学提供的教师专业知识的合法性危机。教育学院（系）模式所提供的专业知识不足以使教师"运用专业知识评估学生的教育需求，对学生的需求做出推断并在此基础上设计和实施教学"，① 在此状况下，教师无法"评估、诊断和解决客户遇到的问题"②，于是，教学专业的合法性基石被破坏，最终受到损害的是教学作为一个专业的合法性。因而，传统教育学院（系）模式下的教师专业知识的合法性也必须在教师专业化的框架下再次加以论证。

三、研究的理论基础

（一）知识的概念

定义知识存在着巨大的困难。一方面，因为"知识"是一个日常生活中常用的概念，它在不同的语境中有着灵活多样的内涵；另一方面，"知识"与人的认识的复杂性和环境的复杂性密不可分，得到一个具有共识意义的知识定义几乎是不可能完成的任务。我国教育学者石中英则提出，鉴于知识概念的混乱和不可把握的特性，为了使关于知识的研究和讨论成为可能，应该把知识概念放在与其相关的关系当中进行考察。梳理有关流派对知识的研究可以对我们理解知识概念有一定的启发。

1. 传统哲学视野中的知识

《辞海》对"知识"的解释是：人类认识的成果或结晶。它包括经验知识和理论知识。经验知识是知识的初级形态，系统的科学理论是知识的高级形态。人的知识（才能也属于知识范畴）是后天在实践中形成的，是对现实的反映。辩证唯物主义把社会实践作为一切知识的基础和检验知识的标准。知识（精神性的东西）借助于一定的语言形式，或物化为某种劳动产品的形式，可以交流和传递给下一代，成为人类共同的精神财富。知识随社会实践、科学技术发展而发展。知识一般可以分成三大类：自然科学知识、社会科学知识和思维科学知识。哲学知识则是关于自然、社会和思维知识的概括和总结。③ 与"知

---

① Grossman, P. (2008). Responding to our critics: from crisis to opportunity in research on teacher education. *Journal of Teacher Education*, 59(1), 10-23.

② Abbott, A. (1988). *The system of professions: an essay on the division of expert labor*. Chicago, USA: The University of Chicago Press.

③ 辞海编辑委员会. 辞海[M]. 上海：上海辞书出版社，1989：4587.

识"有关的各种叙述也被人们格外重视:"知识就是力量","知识改变命运",等等。然而,回答"什么是知识"的问题,却是哲学上的难题之一,从苏格拉底(Socrates)到今天的哲学家对这一问题都有不同的回答,因为哲学视野中的知识范畴要比辞典的定义窄得多。今天的哲学家大多数认可知识的构成有三个条件,那就是信念、真和证实。① 如果假设知识的拥有者是 S,信念是 P。那么 S 知道 P,当且仅当:

(1)S 相信 P;

(2)P 是真的;

(3)S 相信 P 得到了证实。

这就是大多数哲学家同意的哲学视野中的"知识"的定义。20 世纪 60 年代,葛梯尔问题的提出挑战了传统的知识的概念,重新引发了哲学界关于"信念"和"真的信念"及如何判定"真的信念"的讨论。

然而,总的说来,哲学界关于知识的讨论最终都被转化为四个问题,即:知识的性质是什么;知识的来源是什么;知识的范围是什么;知识的价值是什么。就知识的性质而言,哲学界始终存在着不同的看法。以柏拉图(Plato)、笛卡尔(René Descartes)为代表的理性主义者认为,知识就是真理,是"理性的作品",只有通过理性证实的信念才是知识,因此柏拉图认为,只有数学知识是知识。而怀疑论者则认为,无论什么知识都是不存在的。以培根和洛克为代表的经验主义者则认为,只有被人类感觉所证实才能被称为知识。在他们看来,知识是来源于人类感觉经验,是人类对外部世界各种联系的反映。② 相反,理性主义者则认为,"真的知识"来源于感官经验所不能提供的确定性,为了获得确定性,也就是知识,人必须自己反思和理解概念,不被经验所蒙蔽。③ 笛卡尔举了蜂蜡的例子来说明感官经验的不可靠,他总结说,当蜂蜡靠近火炉之后,所有的一切性状都改变了,这时候重要的是"我们的知觉和行动不是也从来不是幻觉、不是感觉也不是想象,……但它只是意识的检验,可以像之前的不完全和混乱,也可以像现在这样,随着我对它的性质和组成

---

① 石中英认为,回答"什么是知识"之所以困难,也在于这种提问的方式忽略了问题产生的语境,直接指向"知识"的唯一的"本质",而这个"本质"是不能被回答的。

② 石中英. 知识转型与教育改革[M]. 北京:教育科学出版社,2001:15.

③ Luizzi, V. & Mckinney, A. (2001). *New and old world philosophy*. Upper Saddle River,NJ:Prentice-Hall,Inc.

有更多的关注，我对它的认识明白而准确"。①康德(Immanuel Kant)反对经验主义哲学和理性主义哲学认为知识的来源是单一的前提假设，而是分别指明了意识和经验的作用。康德认为，人的感觉构成知识的内容，先天的认识能力构成知识的形式。

实用主义哲学则抛弃了哲学家们喋喋不休地关于"真"的讨论，而是将知识看做行动的工具。詹姆斯(William James)指出："任何观念，只要有助于我们在理智上或在实际上处理实在或附属于实在的事物；只要不使我们的前进受挫折，只要使我们的生活在实际上配合并适应实在的整个环境，这种观念也就足够符合而满足我们的要求了。这种观念也就对那个实在有效。"②另一位实用主义哲学家皮尔斯(Charles Sanders Peirce)则区分了怀疑和确信两种状态。他认为，怀疑和确信在心理感受、功能和结果三个方面存在差异，但并没有讨论"确信"的真假问题。皮尔斯指出，确信引导了人们的愿望、塑造了人们的行动，而怀疑是一种令人不安、不满的状态，它推动人们去寻找"确信"的状态。而确信则是一种满意、安宁的状态，在人们的天性中形成了某种习惯，决定了人们行动的方向。

值得注意的是，在知识的主客体关系上，经验主义哲学和实用主义哲学都认为，知识是外在于认识的主体的，人们需要做的只是去发现本来就已经"在那里"的知识而已。

2. 知识社会学视野中的知识

如果说传统哲学视野中的"知识"在 19 世纪末到 20 世纪中叶达到了科学知识的顶峰，那么对科学知识的质疑则在 20 世纪的下半叶达到高潮。从时间顺序看，知识社会学的研究是较早对科学知识提出不同意见的领域之一。③知识社会学的研究放弃了讨论定义知识的概念标准，而是从新的认识论和社会政治背景中解释知识的性质。如以卡尔·曼海姆(Karl Mannheim)为代表的知识社会学研究认为，"知识的一般概念取决于当时具体的知识形式，以及其中所表达的和作为理想被接受的认识方式，而且还看到关于真理本身的概念

---

① Luizzi, V. & Mckinney, A. (2001). *New and old world philosophy*. Upper Saddle River, NJ: Prentice-Hall, Inc.

② 詹姆士：《实用主义》转引自：胡军. 知识论[M]. 北京：北京大学出版社，2006：312.

③ 石中英. 知识转型与教育改革[M].北京：教育科学出版社，2001：70.

取决于已存在的知识类型。"①因此，以知识社会学的视角来看，"知识是什么"这个问题与"现有的知识是什么"和"知识是怎么获得的"具有同样重要的意义。

马克思·舍勒(Max Scheler)和古尔维奇(Georges Davidovich Gurvitch)代表知识社会学研究中对知识的类型和等级进行研究的流派。舍勒认为，人不是抽象的纯粹的认识主体，离开了社会条件，人的知识都是不可能的。社会范围不同，某种类型的知识的重要程度也就不同，某类知识的特殊地位是由一个社会范围赋予的。根据社会范围的不同，知识可以划分为三大类型：技艺和功效的知识、文化的知识和解放的知识。② 古尔维奇认为，知识社会学是研究知识的不同类型和不同的社会范围之间相互的功能关系的。根据知识的形式，他把知识分成七个类型：对外部世界的感知知识、社会的和他人的知识、技术知识、常识知识、政治知识、科学知识和哲学知识。在方法论取向上，古尔维奇认为知识在六组相对的方法论维度之间游移。这六组方法论的相对关系表示如图 3 所示。

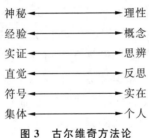

图 3　古尔维奇方法论

在此基础上，古尔维奇提出，知识社会学的主要任务是：以某种适当的方式观察不同的社会范围与知识的不同类型或形式之间的最佳对应关系，即确立知识形式和种类的某种等级，考察这些形式和种类构成知识系统的方式。③ 在古尔维奇看来，古代西方社会中，知识的等级是按照重要性顺序排列的：哲学知识、社会和集团的知识、常识知识、政治知识、技术知识，以及以概念、符号、实证甚至是神秘形式出现的科学知识。

法国学者让·卡泽纳弗(Jean Cazeneuve)则提出，如古尔维奇一般分析知识的分类及其等级，仅仅是知识社会学的初步任务，知识社会学的任务还应

①　卡尔·曼海姆.意识形态与乌托邦[M].北京：商务印书馆，2000：297.

②　让·卡泽纳弗.社会学十大概念[M].上海：上海人民出版社，2003.

③　同上.

该包括说明知识的不同侧重点如何形成系统并描述其演化过程。因此，知识社会学还应研究知识的角色、不同社会范围中知识代表的角色，以及知识传授和传播的方式。在卡泽纳弗看来，知识的角色和传播应该通过两个途径去研究：一方面是教育社会学的研究；另一方面是大众传播的研究。在美国社会学界的推动下，大众传播成为知识社会学在美国学术界的一种表现形式。

知识在美国社会学家默顿（Robert King Merton）的眼中有非常广泛的外延，他把知识社会学的研究对象扩展到"精神产品"的领域，并没有专门区分"知识"同其他精神产品的区别。"知识社会学这个产生于欧洲的学术变种致力于发掘知识的社会根源，寻找无所不在的社会结构影响知识和思想的途径。"①默顿分析了欧洲传统的知识社会学与美国的大众传播学之间的关系，认为"知识社会学主要致力于探究知识与人类社会或人类文化中存在的其他各种要素之间的关系"。② 知识社会学的学科发展，在默顿看来与社会群体间的冲突和不信任有关。由于不同群体产生了不同的观念，并且这些观念之间存在内在的、不可调和的冲突，因此，在一定程度上，这些观念本身是否正确已经变得不那么重要。人们更加关注的是，这些不同观念是怎样产生并发展的？知识社会学的研究对象是知识，在知识社会学家看来，知识同艺术一样，其具体形式只有在特定的历史条件下才有可能，并且这种具体形式能够揭示出那个时代的特征。因此，知识社会学研究的主要贡献在于，它不仅承认谬误、幻想或不可靠的信念，而且连真理的发现都是受社会（历史）限制的。

3. 后现代主义哲学视野中的知识

利奥塔（Jean-FranÁois Lyotard）试图从总体上阐明人类知识形态的转变。在利奥塔看来，科学知识不是全部知识，而是一种话语。当代信息技术的发展，使知识的性质和地位、作用发生了重大的改变。在知识的性质方面，科技变化使知识的研究和传递功能发生了变化，因此，知识的性质必须发生如下变化才能够跟上科技变化的脚步。第一，知识的形态发生变化。在信息社会条件下，只有能够被转译为"信息量"并通过信息技术手段传播成为了知识的前提条件。第二，知识的"外在化"或者说"商品化"明显，"知识的供应者和使用者与知识的关系，越来越具有商品的生产者与商品的关系所具有的形式，

---

① 罗伯特·默顿. 社会理论和社会结构[M]. 南京：译林出版社，2006：661.
② 同上：682.

即价值形式。"①知识为了出售而被生产，知识变成了商品，在知识的生产者和供应者之间通过交换来实现价值。

在利奥塔看来，"现代"和"后现代"的区分在于知识的合法化途径。"现代"的合法化途径是科学借助"元话语"实现合法化。而"元话语"则明确地求助于类似"精神辩证法""意义阐释学""理性或劳动主体的解放""创造财富"等宏大叙事。后现代简单地说就是对宏大叙事的怀疑。"简化到极致，我把'后现代'定义为对宏大叙事的怀疑。"②

后现代主义知识研究的另一位代表人物是福柯（Michel Foucault）。福柯也认为，知识不等于科学，科学表明知识所能够获得的一种地位。并且福柯明确指出，知识是话语实践构成的成分整体。在福柯看来，知识具有空间性，主体谈论的话语中所涉及的对象都是在这个空间当中发生的。确定知识范围的是话语的语境。"知识是由话语所提供的使用和适应的可能性确定的。"③此外，福柯认为知识的形式是陈述，"知识，还是一个陈述的并列和从属的范围，概念在这个范围中产生、消失、被使用和转换。"④

后现代主义哲学和知识社会学的研究对现代知识的批判具有共通之处，都主张对知识的缘起和构成进行重新思考和分析，认为知识的产生具有特定的条件，不仅仅是科学知识所宣称的客观和价值中立的标准。

通过上述简要梳理我们可以看到，知识的定义与知识的条件、知识与社会的关系，以及知识与认识者的关系具有紧密的联系。因此，本文无意追寻从本质的角度界定知识，而是同意以石中英教授所提出的以描述关键特征的方式来定义知识的概念：第一，知识是一套系统经验；第二，知识是一种被社会选择或组织化了的经验，而不是纯粹个体的精神产品；第三，知识是一种可以在主体间进行传播的经验；第四，知识是一种可以帮助人们来提高行动效率、更好达成行动目的的经验。上述四个特征很好地涵盖了有关教师知识的研究中的"教师知识"。作为教师专业基础的知识，无论是来自于专业实

---

① 让·弗朗索瓦·利奥塔尔著，车槿山译. 后现代状态——关于知识的报告[M].北京：生活·读书·新知三联书店，1997.

② Lyotard, J. F. (1984). *The postmodern condition: a report on knowledge*. Minneapolis, MN: University of Minnesota Press.

③ 米歇尔·福柯著，谢强，马月译. 知识考古学[M].北京：生活·读书·新知三联书店，1998：237.

④ 同上：236.

践者的实践知识，还是来自于研究者在控制变量的条件下获得的实证知识；无论是叙事形式的知识还是理论知识，无论是教师个人的、缄默的知识还是显性的社会知识，都能在上述知识的概念中找到恰当的概括。

(二)知识的合法化

"合法性"是 20 世纪理性社会学和政治学讨论的热点，[①] 从政治学的角度探讨合法性问题主要是通过对"命令－服从"关系的分析进行的。简单地说，政治学意义上的合法性包括两个方面：一是服从者对统治的认同；二是统治的正当性问题。当代思想家中，从帕森斯(Talcott Parsons)、布劳(Peter Michael Blau)到福柯、布迪厄(Pierre Bourdieu)都曾经论述过合法性问题，然而，哈贝马斯被认为是合法化论题的集大成者。哈贝马斯把垄断阶段的资本主义社会分成经济系统、政治系统和合法化系统三个子系统，从资本主义社会的结构性障碍的角度对合法性问题进行了系统的探讨。他不同意韦伯对合法性的分析，反对把合法性看做是实现统治的一种权谋。他认为，合法性不仅仅是事实上的"认可"问题，同时也包含价值尺度和判断。合法性意味着"一个政治秩序被认可的价值。合法化被用来证明合法性要求是好的，即去表明现存(或被推荐的)制度如何及为什么适合于通过这样一种方式运用政治力量——在这种方式中，对于该社会的同一性具有构成意义的各种价值将能够实现"。[②] 可以简单地说，合法化就是证明合法性的过程。但是，哈贝马斯对合法化的分析被严格地限定在政治系统之内，只有对立的政治力量对政治秩序的正当性发生根本分歧的时候，合法性的问题才显现出来。

那么知识又是如何同"合法化"的问题联系起来的呢？利奥塔指出，元叙事的危机导致了知识的合法化危机。在利奥塔看来，思辨哲学是科学制造出来的关于自身地位合法化的话语。在后现代条件下，启蒙叙事失去了它的知识英雄，失去了它为之奋斗的高尚的伦理政治目的，叙述被分解为语言元素的云团，伴随着叙事的衰落，思辨哲学和从属于思辨哲学的大学机制也出现了危机。因此，知识的合法性需要得到重新确认。那么何谓"知识的合法化"？

---

① 张康之. 合法化的思维历程：从韦伯到哈贝马斯[J]. 教学与研究，2002 (3)：63-68.

② 哈贝马斯著，张博树译. 交往与社会进化[M]. 重庆：重庆出版社，1989：188-189.

知识合法化的历程是什么？利奥塔站在哲学的高度上对上述问题做出了回答；阿普尔（Michael Apple）则从课程知识的分析中探讨了在学校教育领域中知识合法化的形式和途径。

1. 利奥塔的知识合法化理论

利奥塔分析了在后现代条件下知识的状况发生的改变，指出知识的"商品化"和"可转译性"成为信息技术条件下知识无法回避的发展趋势。接着，利奥塔将科学知识和叙事知识进行了区分："科学知识并不是全部的知识，它曾经是多余的，它总是处在与另一种知识的竞争和冲突中。……为了行文方便，我们把后一种知识成为叙述性知识"。① 利奥塔用语用学的方法对两种知识进行了分析，他指出，两种知识有自己特定的规则，不能以其中的任何一种知识为基础判断另外一种知识的存在和价值。

从对知识的定义和分类出发，利奥塔借用了合法化概念来分析后现代的知识状况。在利奥塔看来，法律意义上的合法化是指立法者得到允许颁布作为规范的法律。因此，合法化至少包含两重含义，即"立法者"的确立及作为约束和一般条件的"规范"的存在。利奥塔认为，在知识领域同样存在着"立法"与"规范"的问题，因此，以"合法化"为核心概念，利奥塔指出，科学知识需要一套规则来判定某个陈述是否应该被看作是知识。"科学的合法化也是一种过程，通过这种过程处理科学话语的"立法者"获得权威性来规定规范（包括内在一致性条件和实验可证性条件），确定某一陈述是否可成为科学话语的一部分并且得到科学共同体的重视。"②

利奥塔指出，知识的合法化首先是"立法者"的合法化，更为严重的是，尽管服从各自的权威，但事实上判断真理的权力和判断正义的权力是密不可分的。在信息技术高度发展的当代社会，尽管知识的性质发生了重大变化，但是在利奥塔看来，知识的"双重合法化"变得更加尖锐。因为这一问题是以它最完整的形式——转换的形式提出的，这种形式表明，知识和权力是同一个问题的两个方面：谁决定知识是什么？谁知道应该决定什么？在信息时代，

---

① 让·弗朗索瓦·利奥塔尔著，车槿山译. 后现代状态——关于知识的报告[M]. 北京：生活·读书·新知三联书店，1997：12.

② Lyotard, J. F. (1984). *The postmodern condition：a report on knowledge*. Minneapolis, MN：University of Minnesota Press.

知识的问题比过去任何时候都更是统治的问题。①

利奥塔分析了现代社会知识的合法化过程。他指出，在现代社会，科学知识的合法化是借助"宏大叙事"如思辨叙事和解放叙事完成的。利奥塔用语言游戏的方法分析科学知识和叙事知识的特征。他指出，叙事知识从形式上接近民俗和神话，叙事知识自身"接纳了多重多样的语言游戏"，既有指示性陈述、道义性陈述、疑问性陈述，也有评价性陈述。叙事知识具有建构标准、统一能力、调节社会和遗忘四个功能。在利奥塔看来，叙事知识的合法化在于叙事知识自身。"因为叙事有能力确定标准，并且/或者解释标准的实施"。利奥塔借助卡希纳瓦人讲故事的方式说明了叙事本身的权威："人民只不过是那些使叙事现实化的人"，他们既是讲述人，同时也是倾听故事的人，并且使自己也被讲述，因此叙事一开始就被赋予了合法性。

科学的叙事与叙事知识不同，利奥塔指出，科学知识仅仅是指示性陈述，排除其他陈述。因此，科学知识与构成社会关系的语言游戏是分离的，若要讲述科学知识，那么前提条件必须是对某些科学知识的陈述来说，证明其陈述的论据被认为是足以把这些陈述作为真理讲述下去，只有这样科学知识的陈述才能够被讲述。然而，科学知识本身却并不能从讲述知识的活动本身得到任何有效性，所以科学知识不得不借助叙事取得合法化的地位。

对于后现代条件下知识合法化问题，利奥塔认为，随着宏大叙事的衰落，知识处于一种"非合法化"的状态。在这种状态下，知识通过它的两个功能，即研究和传递来实现合法化。在研究中，知识的合法化问题以另外一种方式出现：首先，陈述的知识依靠一个预先设定的公理系统得到证明；其次这个公理系统可以看做是语言的运作规则，尽管它本身不能得到证明，但是这个规则本身是专家共同体的共识，并且专家共同体认为这套规则已经尽可能地达到了令人满意的程度。因此，知识的发展具有两个方向：一种是在既定规则的范围内发展出新"招数"（新论证）；另一种对应于新规则的发明，即游戏的改变。

知识通过研究获得合法性的另一种方式涉及一种特殊的论证，就是举证。结果，为了确认证据而引入的技术的原则——性能原则使举证反而成为控制举证的游戏规则。这种游戏的赌注不是真理，而是性能。这样一来，科学的

---

① 让·弗朗索瓦·利奥塔尔著，车槿山译. 后现代状态——关于知识的报告[M]. 北京：生活·读书·新知三联书店，1997：14.

语言游戏成了富人的游戏，"购买学者、技师和仪器不是为了掌握真理，而是为了增加权力。"①结果就形成了通过权力的合法化。不能证明自己对提高性能做出贡献的研究不仅被边缘化了，甚至还被科学无情地抛弃。

知识的传递就是教学。利奥塔以大学为基础分析了教学中知识通过性能获得合法化的方式。在宏大叙事衰落后，大学和高等教育不再培养理想，而是培养为体制所需的恰如其分地担任角色的能力，"在知识的商业化语境中，（学生、国家或高等教育机构提出的有什么用的问题）意味着：这是否可以出售？而在增加权力的语境中则意味着：这是否有效？"②

利奥塔的知识合法化理论对分析教师知识的合法化具有重要的启示作用。一方面，关于教师知识的"立法者"问题，也就是教师知识合法性的主体之维。传统意义上，教师教育机构既是教师知识的生产者也是教师知识的"立法者"。他们通过提高教师教学性能的话语规定了教师知识的范围和性质。因此，从历史的角度分析教师教育机构得以成为合法的教师知识生产机构的过程就能够从一个侧面回答"立法者"的合法化问题。另一方面，在近年来有关专业实践者的认识过程研究表明，传统上作为知识的被动接受者的教师正在以其他方式成为知识的生产者。因而，分析教师作为知识生产者的角色和作用及其知识生产过程就构成了对"立法者"问题的另一个回答。

利奥塔的研究还指出了知识与权力的问题，特别是在研究中，知识通过权力获得了合法化。那么从权力的角度看待教师知识的合法化将会获得什么样的启发呢？本研究将从教师专业组织的角度考察定期的评估和限定教师从事教学工作的资格认定是如何影响教师教育课程的设置和内容，进而影响教师知识的合法化过程的。

2. 迈克尔·阿普尔的知识合法化理论

迈克尔·阿普尔是教育领域知识合法化研究的代表人物。他从知识与社会控制、意识形态与课程的权力关系角度分析了学校课程知识的合法化。阿普尔提出，在斯宾塞（Herbert Spencer）著名的"什么知识最有价值"问题之后，还有更引起争议的问题，即"谁的知识最有价值?"阿普尔指出，学校（特别是

---

①　Lyotard, J. F. (1984). *The postmodern condition: a report on knowledge*. Minneapolis, MN: University of Minnesota Press.

②　让·弗朗索瓦·利奥塔尔著，车槿山译. 后现代状态——关于知识的报告[M]. 北京：生活·读书·新知三联书店，1997：108.

公立学校)不是价值中立的机构，而是权力和国家意志代表，"学校同时充当了在分阶层社会中阶级关系的经济和文化再生产的权力机构的角色"。① 同样，知识也不是中性的，知识的传播在某种意义上是社会权力的分配。"进入学校的知识是对较大可能范围的社会知识和原理进行选择的结果。它是一种来自于某个方面的文化资本形式，经常反映我们社会集体中有权势者的观点和信仰。"② 在阿普尔看来，社会和经济的价值渗透在学校教育的机构当中。

简单地说，阿普尔的知识合法性理论是一种关于"官方知识"的理论，即谁的知识能够进入到学校教育当中去，课程是如何通过选择过程赋予某些知识以合法地位的。"选择的传统使得只有特定团体的知识才成为了官方知识"。③ 阿普尔认为，单纯地认为在资本主义社会经济上占有利地位的团体的知识在公立学校中获得了合法地位这种观点是不完善的，有过于简单化之嫌。阿普尔认为，国家并不仅仅是阶级间斗争的场所，同时也是阶级内斗争和妥协的场所，因此，知识的合法化是复杂的权力关系之间相互斗争和妥协的结果。在知识获得合法性的地位之前，知识已经被过滤和转换过了。在转换的过程中，知识脱离了原有的社会和学术背景，"被操控其新场景的政治规则所重塑和改变"④。改变的方式包括文本立场的改变；文本出于出版社经济利益和有关教学方法的考虑而被煞费苦心地转换为更容易理解和掌握、在政治上更安全的形式；文本被重新定位和确立重点。

在分析知识成为"官方知识"的过程中，阿普尔还特别对教科书的选择过程进行了考察，分析了美国实施教科书统一采购的州对教科书文本的选择和组织方面发挥的巨大影响力。因此，在阿普尔看来，正是教科书选择机构对教育目的的判断和追求与教科书出版商经济利益之间的协商、斗争和妥协确定了合法化的知识的形态。

阿普尔对知识合法化的分析揭示了学校课程知识建构中的重要方面，他的研究对教师知识合法化研究的启发意义在于：进入教师教育课程的教师知识是什么？教师知识进入教师教育课程的机制是什么？特别是在美国，教师

---

① 迈克尔·阿普尔著，黄忠敬译. 意识形态与课程[M]. 上海：华东师范大学出版社，2001：8.

② 同上.

③ 迈克尔·阿普尔著，曲囡囡，刘明堂译. 官方知识——保守时代的民主教育[M]. 上海：华东师范大学出版社，2004：56.

④ 同上.

知识进入教师教育课程的过程是如何体现权力的斗争和妥协的？

四、研究的概念与框架

通过上述有关教师知识和合法化的研究的分析，本研究所涉及的两个重要概念可以分别做如下界定。

本文借用了舒尔曼对教师知识的理解，认为教师知识应该是"专业知识基础"，是一系列编码的和可编码的知识、技能、理解、技术、伦理和品性、集体责任的集合，以及表述和交流上述集合的途径。但限于研究能力，本研究放弃了教师专业知识中所包含的非认识成分，如伦理、责任等，而仅限于认识的部分。因此，本研究所运用的"教师知识"概念是指作为教师专业基础和教师教育课程设计基础的教育学科构成，是对教师的学科知识、教师的学科教学知识、教师教育学知识和教师实践知识的概括。

通过对利奥塔和阿普尔的知识合法化研究的分析，本研究提出了"教师知识合法化"的操作定义：第一，教师知识的"官方化"是教师知识的合法化的标志之一，即进入到教师教育机构、成为教师教育课程的学科和知识被看做是取得了合法的地位；第二，教师知识合法化的第二个标志是成为评估、考核教师的标准，即成为教师资格证书标准的要求或是有关资格证书考试的内容，从而使这部分知识获得了"规训"的权力；第三，教师知识主体的合法化意味着教师知识的合法化。教师知识的主体包括教师教育的研究者（教育者）和教师。然而这两类主体的合法地位并不是一成不变的，两类主体之间的关系也始终在发展变化。更重要的是，这个领域涉及的问题非常丰富，需要做更加深入的思考，限于时间和条件，本研究暂时没有涉及这部分的研究。

本研究将教师知识的合法化放置在教师教育的机构和教师资格标准及其组织当中去考察，分析了教师知识在不同组织结构中的合法化过程和特征。分析的框架如下。首先，本研究分析了教师知识在教育学院中获得合法化的过程和途径及其特征，具体内容有：（1）教育学院的危机与教师知识的合法化；（2）在师范学校升格为教育学院的历史过程中教师知识的合法化过程及其特征；（3）大学设立教育学院的历史过程与教师知识合法化过程与特征；（4）作为教师培养的基本制度环境，教师教育项目中的课程设计和实施与教师知识的合法化。

其次，研究分析了教师知识在教师资格组织中完成合法化的过程，主要考察教师执照标准和高级教师资格证书标准对教师知识合法化的影响。研究的基本框架可表示为如图 4 所示。

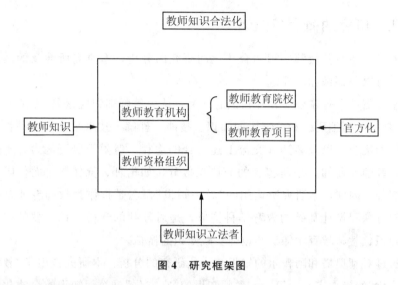

图 4　研究框架图

五、研究的基本问题

基于上述文献综述和关于研究理论基础的分析，本研究尝试从主体维度和权力维度对教师知识的合法化过程进行初步探讨。第一，以当前美国教师教育为例，教师教育机构能否构成教师知识的"立法者"？教师知识在教师教育机构中是如何实现"官方化"的？第二，从权力的角度，本研究将重点考察美国教师专业组织对教师知识合法化过程发挥了什么影响？专业组织的权力是通过什么方式实现的？其表现形式又是什么？

六、研究方法

教育研究从不同的方面可以分为若干类型：从研究的一般方法论角度，可以分为教育研究、理论研究和经验研究，其中经验研究又进一步分为质化研究（qualitative research）与量化研究（quantitative research）①；根据研究问

---

①　通常 Qualitative research 被译作"质性研究"，在汉语的翻译过程中，通常把阐释学的研究取向和人类学的研究取向界定为"质性研究"，并将之与汉语中习惯使用的"定性研究"相区别。然而事实上在英语教育研究著作中，qualitative research 所指代的研究范围和取向应该比我们所理解的"质性研究"要广泛得多，既包括我们所理解的"质性研究"，也包含着汉语中使用的"定性研究"的意蕴。因此，此处译作"定性研究"。

题的不同，教育研究可以划分为人种志研究（ethnographic research）、历史研究（historical research）、描述性研究（descriptive research）、评价研究（evaluation research）、相关关系研究（correlation research）、行动研究（action research）、因果－参照研究（causal-comparative research）和实验研究（experimental research）。① 此外，从研究的适用范围角度，还可以将教育研究分为应用性研究与基础性研究。近年来，随着比较－历史研究方法在社会科学研究中的兴起，教育研究特别是比较教育的研究也开始越来越多地运用了这一宏观研究范式。

　　比较－历史研究兴起于政治科学诞生的早期，相关研究的代表人物包括托克维尔（Alxsis de Tocqueville）、韦伯（Max Weber）、布洛克（Marc Bloch）、本迪克斯（Richard Bendix）和摩尔（Barrington Moore Jr.）等。② 但是随着第二次世界大战后行为主义的兴起，大样本的、基于研究假设和统计分析数据的社会科学研究兴起，比较－历史研究逐渐退出了社会科学研究。第二次世界大战后，随着社会科学研究特别是政治科学中的"历史的回归"和"国家的回归"，③ 建立在长时段历史个案研究基础上的比较－历史研究重新获得了学界充分地重视。应美国政治学年会上部分重要学者的提议，2003 年詹姆斯·麦哈尼（James Mahoney）和迪特里希·鲁施迈耶（Dietrich Rueschemeyer）编著了一部《社会科学中的比较－历史分析》，系统地、自觉地对比较－历史研究的范式与方法进行了分析与总结，也被看做是比较－历史分析研究传统形成了方法自觉的转折点。④

　　麦哈尼和鲁施迈耶认为，比较－历史方法是历史社会学和历史制度主义研究传统的一个分支研究领域，⑤ 并没有统一的理论或方法，但其共同特征是关注因果分析，强调时间过程，以及运用系统和概念化的比较方法。⑥ 然

---

① Mertler，C. A. & Charles，C. M. Introduction to Educational Research［M］. 5th. Pearson Education，Inc.，2005：34.

② Skopol，T. & Margret，S. The Use of Comparative history in Macrosocial Inquiry［J］. Comparative Studies in Society and History，1980，22(2)：174-197.

③ 陈那波. 历史比较分析的复兴［J］. 公共行政评论，2008(3)：55-71，198.

④ 同上.

⑤ Mahoney，J. & Rueschmeyer，D. (Eds.). (2003). *Comparative Historical Analysis in the Social Science*. Cambridge，UK；New York：Cambridge University Press.

⑥ Ibid.

而，对于麦哈尼和鲁施迈耶所特别强调的比较—历史研究中的因果分析，也有研究者提出了不同意见。米谢拉·拉芒（Michele Lamont）认为，韦伯"解释性理解"的社会研究思想也应反映在比较—历史的研究方法中。

韦伯认为，社会科学是为了实现对社会行动的解释性理解，目的是对社会过程和结果达成因果解释。"社会行动"指行动中的个体对其行为赋予主观意义。舒尔茨（Alfred Schütz）认为，韦伯的社会学最初的目标是解释社会世界中的个体行动及个体赋予社会现象以意义的方式。对于如何解释意义的问题，哈贝马斯在"社会科学的逻辑"中提出，为了达到解释的目的，一般性的理论通常允许以假设的形式对经验性规则提出假想。社会行动的规则则具有可被理解的特性，社会行动属于有目的的行动，我们可以通过重构其意义而对其加以把握。乔治·赖特（George H. von Wright）则在《解释与理解》一书中强调，目标的目的性或非目的性特点决定了两类理解和解释之间的差异。"解释"可以分为两个传统：一个传统是因果解释；一个传统是目的论解释。因果解释是为了对已发生的现象找到充分/必要地前提条件，因而因果解释总是指向过去的，试图证实某一观察到的自然现象能够发生的前提条件。目的论解释则试图解释促使事件发生的目标或目的，目的论解释是指向未来的，"这件事的发生是为了促使后续事件得以发生"。① 因此，基于以上对社会研究的"解释"的理解，拉芒不同意麦哈尼和鲁施迈耶将有关社会变革的文化性解释的研究排除在比较—历史研究之外的思想，相反，他认为，对社会变革的文化解释恰恰与因果解释共同构成了比较—历史研究的两个取向。

此外，斯考契波（Theda Skocpol）认为，比较—历史研究应关注理解社会变迁，关注文化与社会结构的时代变革。② 霍尔（John Hall）则更强调在比较—历史研究中"历史感"的重要性。在他看来，长时段的"过程跟踪"使为数不多的个案能够发挥与大规模样本研究相媲美的作用。③

在麦哈尼和鲁施迈耶看来，比较—历史方法的基本特征表现在三个方面。第一，比较—历史研究关心的是辨识和解释造成主要利益结果的结构性原因。按照查尔斯·蒂利（Charles Tilly）的划分，比较—历史研究的结构性解释又包

---

① Von Wright, G. H. (2009). *Explanation and Understanding*. London: Routledge.

② Skopol, T. & Margret, S. (1980). The use of comparative history in macrosocial inquiry. *Comparative Studies in Society and History*, 22(2), 174-197.

③ Hall, J. (2004). Book review: comparative historical analysis in social sciences. *American Journal of Sociology*, 110(1), 237-239.

含四个层面：世界－历史层面、世界－体系层面、宏观历史层面和微观历史层面。① 第二，比较－历史分析研究者关注历史结果的分析，因而对长时段的历史过程展开研究，关注不同时间不同事件之间的联系，也正因此，比较－历史研究者在寻求解释的过程中同时考虑当前的制度也结构对事件的影响。第三，比较－历史研究者对相近或相反的事件进行系统的、概念化地比较。

从研究的层次上来看，斯考契波则将比较－历史研究划分为三个研究取向：第一个研究取向是理论平行展示取向；第二个是背景对比取向；第三个是宏观因果分析取向。②

理论平行展示取向的比较历史研究注重呈现非线性的假设或理论，呈现出理论的丰富性，通过历史案例来论证理论观点。因此在这一取向的比较－历史研究中，历史案例被用来作为支持和验证理论的多种个案，其假设是：理论的有效性就在于其可以解释不同的案例。这类研究的共同特点就是在进入历史案例的分析之前，已经有一个精致的理论模型或是假设。而这一取向的弊病也恰恰在于：为了适应和验证理论模型与假设，研究者往往把历史案例切割得支离破碎。理论平行展示取向的研究关注的首要问题是理论对个案的解释力度，因而这类研究倾向于寻找个案之间的共性，将差异看做是强调理论所关注的一般过程中的特定的背景因素。

比较－历史研究中的背景对比取向的研究逻辑是在讨论中关注每个个案的独特性，推断个案的特性对一般社会过程所产生的结果。通常，对比是借助于更为广泛的主题，或者是建基于对理想类型或模式的探讨，因此，对于对比取向的研究，完整地呈现历史个案就显得极为重要。总体而言，对比取向的研究倾向于用历史案例证明过于泛化的理论存在着历史局限性，但是这类研究本身并不寻求提出新的一般性的理论解释。

宏观因果分析取向的比较－历史研究关注对宏观层面的制度和过程进行因果推论。摩尔认为，"以比较的视角去理解某一个国家的历史可以使研究者提出新的有价值的问题……对于已经被广泛接受的历史解释而言，比较可以

---

① 转引自 W. K. Tsang，(2011). Comparative-Historical Studies in Educational Research. 北京师范大学系列课程讲义.

② Skopol，T. & Margret，S. (1980). The use of comparative history in macrosocial inquiry. *Comparative Studies in Society and History*，22(2)，174-197.

提供从反面进行考察的机会。比较的方法还可以形成新的历史结论，在研究实践中，（比较一历史的方法）是一个独特的学术思维，使研究本身超越了孤立地收集有趣的案例的层面。"①与对比取向在预先设定的主题内对历史进行整体考察和对比不同，宏观因果分析取向研究在不同的解释和假设之间来回穿梭，对两个或更多的历史事件的相关层面进行反复地比较。因此，宏观因果分析取向的比较一历史研究会因为收集或是参照历史实践的不同层面，从而建立起可供比较的相似性的基础。

为了寻求因果解释，比较一历史分析学者并不一定拘泥于某一种资料收集技术。研究者可以运用量化研究的多因素回归分析，也可以运用质化研究的资料收集技术，只要能够解决当下的研究问题即可。

从教育研究的一般特点和本研究关注的主要问题来看，教师知识合法化的研究目的在于了解教师知识主体的构成及其合法性地位的取得过程，分析教师知识中包含的权力关系，因此本研究从适用范围看，应属于应用研究；从一般方法论角度，应被限定为比较一历史研究。从本研究的特点来看，具体的研究方法主要包括文献分析法、历史研究法和个案分析法。

文献分析法是教育研究中的常用方法。文献分析的对象通常包括：报告、信件、自传、日记、学术研究成果、图书、期刊、目录或是简报等。通过文献分析，研究者能够解释现象、描述状态或者分析一定时间段内的发展状况。文献分析法在教育研究中的作用主要体现在以下方面：描述当前的实践和状况；了解某个主题或问题的重要性；了解教科书或其他出版物的难度水平；评估教科书的表述中所包含的偏见、判断或是所宣扬的观点；分析学生作业中出现的错误；分析个人、政治团体或是机构、国家的观点；了解作者的风格和思想；解释某种表现、行为和事件的原因。② 在本研究中，文献分析法的运用主要体现在描述教师知识的研究现状与发展、分析不同研究者的观点及解释教师知识合法化过程出现的一些现象及其成因。

比较一历史研究中极为关注对特定的个案开展长时段的历史研究。而就历史个案而言，若要完成对于个案的分析，应该收集的资料包括初级资料和

---

① Skopol, T. & Margret, S. (1980). The use of comparative history in macrosocial inquiry. *Comparative Studies in Society and History*, 22(2), 174-197.

② Mertler, C. A. & Charles, C. M. (2005). *Introduction to educational research* (5th ed.). New York: Pearson Education, Inc.

次级资料。① 初级资料来源包括：来自事件参与者或见证者的资料，如叙事、日记、回忆录和自传等；有关历史环境的资料，如记录事件发生场所的照片、录音、录像等。次级资料则主要包括其他人对同一事件的描述和报道，如其他研究者的研究和新闻报道等。就个案而言，在社会科学和教育研究中，个案研究的对象可能是个人、家庭、社会群体、机构或是社区。个案研究通常关注造成当前状态或是影响长期发展的因素之间的相互关系。个案研究的数据有六种类型：文献资料、档案记录、通过现场观察获得的资料、通过参与式观察获得的资料、访谈和实物。② 在本研究中，针对历史个案，主要运用文献资料对美国教师教育机构和教师资格组织进行重点分析，探讨教师知识的历史背景、机构背景和发展历程，从而说明当前美国的宏观教师教育体系结构中，教师知识在特定的组织机构内实现合法化的历程。

---

① 　Mertler, C. A. & Charles, C. M. (2005). *Introduction to educational research* (5th ed.). New York: Pearson Education, Inc.

② 　Best, J. W. & Kahn, J. V. (2006). *Research in education* (10th ed.). New York: Pearson Education, Inc.

第一章 一个呼唤教师专业化的时代

休·芒比（Hugh Munby）、汤姆 拉塞尔和安吉拉·马丁（Andrea K，Martin)在第三版《教学研究手册》中指出，"我们无法设想，'教师知识及其发展'这个标题会在第一版《教学研究手册》中出现，因为'教师知识'的范畴是近 20 年来新近出现的，直到当代的教学和教师教育研究者才开始理解这类知识的性质及其发展。"①为什么教师知识的研究在 20 世纪 80 年代掀起了热潮？教师知识研究兴起的背景是什么？教师知识研究兴起的知识背景与其后来的发展方向的关系是什么？要回答这些问题，首先要从 20 世纪 80 年代美国教育改革谈起。

第一节 20 世纪 80 年代美国的教育改革

概括说来，20 世纪 80 年代美国教育改革主要特征包括：(1)教育行政权以州和学区为主；(2)通过择校运动淘汰办学效率不高的学校，提高整个教育系统的效率和效益；(3)最重要也是最突出的，以学业优异教育改革运动寻求教育质量的提高。其中，以《国家处于危机之中：教育改革势在必行（A Nation at Risk：the Imperative for Educational Reform ）》为代表的一系列报告以周详的测验和调查为基础，力陈美国教育质量低下的现状，并提出了一系列的改革措施。

---

① Munby, H. , Russell, T. & Martin, A. K. (2002). Teacher's knowledge and how it develops. In V. Richardson （Ed.）, *Handbook of research on teaching* （pp. 887-904）. Washington，DC：American Education Research Association.

一、20世纪80年代美国教育改革的背景

1980年，罗纳德·里根(Ronald Wilson Reagan)击败吉米·卡特(Jimmy Carter)当选美国总统，保守派重新成为美国政治、经济和社会的主导。20世纪70年代，在卡特总统的任期内，由于阿拉伯石油禁运的影响，美国国内通货膨胀和失业现象严重，经济发展迟缓；卡特政府不断削减军费开支的举措使很多美国人认为威胁了美国的国防安全；而美国在伊朗人质危机事件中体现出的软弱更使得第二次世界大战后一跃成为世界头号强国的美国感到颜面顿失。更为严重的是，糟糕的经济状况和相对软弱的国际姿态使美国国内普遍弥散着自我怀疑和颓废的情绪，社会信心下降，传统的生活方式和价值观被颠覆了，而民众却在颠覆中迷失了自我。与卡特不同的是，里根在经济政策上主张自由市场经济，在军事和外交方面坚持强硬派立场，提倡保持和发展美国强大的军事力量，重新振兴美国在国际社会的领导地位。同时，在社会生活方面，经历了20世纪70年代的"嬉皮"时代之后，里根提倡回归传统的社会价值观，强调宗教对人生的引领。因此，1980年里根在总统大选中的获胜，在一定程度上表明美国民众"希望在他的带领下摆脱困境，重振美国"①。

在里根的第一个总统任期内，他努力控制20世纪70年代令美国饱受折磨的通货膨胀，具体措施包括：降低税率，刺激个人资本提高工业生产力，严格削减联邦在社会和教育事务中的开支。如美国国会在1981年砍掉了以社会福利和教育为主的近350亿美元的开支项目，并且把砍掉的资金增补到军费当中。当年里根政府的军费从1650亿美元增加到2000亿美元。②

在此背景下，不难理解，尽管在20世纪70年代美国联邦政府和联邦法院曾在教育公平运动中发挥主导作用，里根政府的教育政策仍然排斥联邦政府介入教育事务，将政府的职能定位于维护个人的自由，认为有关群体的政策侵犯了个人的自由。③ 里根政府的教育政策主旨可以概括为：小政府、少

---

① Urban, W. J. & Wagoner, J. L. J. (2004). *American education: a history*. New York: McGraw-Hill.

② Gutek, G. L. (1986). *Education in the United States: an historical perspective*. Englewood Cliffs, NJ: Prentice-Hall, Inc.

③ Bell, T. H. (1988). *The thirteenth man: a Reagan cabinet memoirs*. New York: The Free Press, A Division of Macmillan, Inc.

开支。这从里根的竞选主张和内阁的组建过程就可以略窥端倪。在竞选活动中，里根向选民承诺取消于1979年刚刚成立的教育部；在里根的第一个任期里，教育部部长是他任命的最后一位内阁成员。在里根正式提名特里·贝尔（Terrel Bell）担任教育部部长之前，华盛顿的媒体曾猜测里根很可能根本不会提名教育部部长，而是使其干脆空缺，直到撤销教育部为止。[1]

在上述背景下，重新审视教育对经济和社会发展的贡献，在20世纪70年代带给美国人的普遍的无助和自我怀疑的社会风气中通过改善教育质量，提高美国的竞争力从而重建美国社会对未来的信心成为美国许多有识之士的共识。

在教育方面，70年代的回归基础运动在美国社会的影响力逐渐显现出来，人们普遍认识到，美国基础教育质量下降的原因是学校课程中缺乏基础技能的培养和训练，在学校选拔中过于强调社会标准而降低了学术标准。因此，尽管缺乏有效的组织和明确的指导思想，回归基础运动却提出了一系列美国教育中需要解决的问题，这些问题包括以下几个。

(1)过于强调教育实验和社会进步，不重视建立严格的学业标准，导致美国教育质量的下降。

(2)学校对美国社会基本价值观的衰落表现得无能为力，根本无力挽救基本道德、伦理和公众价值观的下滑局面。

(3)由于频繁尝试新的教学方式和师资培养水平低下导致教学质量下降。

(4)美国的学校管理过于官僚化，管理成本高昂。

(5)学生的学业成绩没有得到正确的测量。[2]

此外，有研究表明，美国学生的SAT(Scholastic Assessment Test，学术评价测验)成绩从1963年到1980年，在长达18年的时间里一直在下降。[3]

除学生成绩令人不满之外，美国的公立学校也面临着严重的危机。20世纪80年代，美国的人口构成和生产方式也发生了重大变化。首先，是从第二次世界大战后的"婴儿潮"转变为"婴儿锐减"，在职人员和退休人员的比例持续下降，从1940年的9:1减少到1970年的4:1，到20世纪80年代，这一

---

① Bell，T. H. (1988). *The thirteenth man: a Reagan cabinet memoirs*. New York: The Free Press, A Division of Macmillan, Inc.

② Jeynes，W. H. (2007). *American educational history: school, society and the common good*. Thousand Oaks, CA: Sage publications, Inc.

③ Ibid.

比例下降为3∶1；① 在社会生产方式方面，制造业所占的比例持续下降，而新兴的电子和信息技术所占的比例持续上升。公立学校令人担忧的状况，使人不得不怀疑美国的公立学校能否为美国的未来发展提供足够的、高质量的人才。1980年，美国的公立学校入学人数下降了60万，700多所公立学校被关闭；② 公立学校教师的队伍一方面质量不高，另一方面还频频向收入更高的行业流失；在课程设置和学业要求方面，美国公立学校选修学术性选修课程的学生只占全部学生的35％，类似数学和科学等基础学科的学习年限也非常短，在高中教育阶段，只有三分之一的学区开设一年以上的数学和科学课。③ 此外公立学校的治安状况恶化，不能满足学生学习的要求。

综合上述分析，可以看出，20世纪80年代美国社会对高质量教育的需求及对公立学校教育质量的严重不满构成了推动美国教育改革的直接动力。

除社会因素和教育部门的内在需求之外，学业优异教育改革运动还同里根政府的第一任教育部部长贝尔的努力息息相关。如前文所述，里根在竞选纲领中曾经明确提出要撤销刚刚成立的教育部。此外，以强硬右派为主的里根智囊团根本不把教育看做是联邦政府的职能。对里根及其竞选班子的教育主张，后来担任里根政府第一任教育部部长的贝尔并不赞成。"我不仅支持成立教育部，而且我还曾经在参议院作证支持卡特总统设立教育部的议案。"④ 贝尔在其回忆录《第13人：里根内阁回忆录》中曾经这样描述他同里根政策顾问埃德·米斯(Ed Meese)的会晤，这次会晤事实上是里根政府寻找教育部部长的"面试"之一："本来我们打算在美国航空公司的旗舰俱乐部会面。但是米斯和总统的人力顾问潘宁顿·詹姆斯(Pennington James)没有提前安排，结果我们都进不去。大家恐怕想象不到这种情况会发生在新任总统的两位最高特使身上吧。我们最后坐在一个饭店的隔间里，经过1小时的会谈，我了解了米斯的右翼观点，特别是针对教育的强硬右派立场。在倾听与回应的过程中，我的情绪始终不高。回到盐湖城之后，我相信里根政府不适合我。"⑤ 不仅贝尔本人对进入里根内阁并不乐观，当时的社会舆论也不看好里根政府未来教

---

① 包彩娟. 美国公立学校面临的危机[J]. 比较教育研究，1983（3）：45-48.

② 同上.

③ 同上.

④ Bell，T. H.（1988）. *The thirteenth man：a Reagan cabinet memoirs*. New York：The Free Press，A Division of Macmillan，Inc.

⑤ Ibid.

育部部长的命运。在里根总统就职仪式前夕,华尔街杂志曾经发表社论,热情地称赞里根选择了非常出色的内阁成员。然而这篇社论却认为教育部部长的选择是整个内阁组成中唯一的败笔。

在不被看好的情况下担任教育部部长,面临着大幅缩减的教育经费,贝尔希望通过一份震撼人心的报告唤起里根政府和广大民众对联邦政府教育责任的关注。在试图说服总统提名成立委员会的努力碰壁之后,贝尔决定由自己以内阁成员的身份提名成立国家教育优异委员会(The National Commission on Excellence in Education)。由贝尔提名的 18 人组成的国家优异委员会与 1983 年发表的著名的《国家处于危机之中:教育改革势在必行》报告,正式拉开了美国学业优异教育改革运动的序幕。

二、学业优异教育改革运动与 20 世纪 80 年代美国教师教育

《国家处于危机之中:教育改革势在必行》报告发表之后,引起了美国社会的极大关注,报告中提出,美国在世界竞争体系中领先的优势正在被"平庸"的美国教育侵蚀殆尽,美国教育质量的低下已经到了令人无法容忍的地步。与 20 世纪五六十年代由于受到苏联卫星上天刺激而关注学校教育质量不同,《国家处于危机之中》并没有将美国与其"敌对"国家进行对比,而是关注美国与其政治上的盟国之间的比较。因此,这份报告传递给美国人的信息是:美国的教育不仅仅是美国维护国家安全的根本,也是美国在经济和社会发展方面保持世界领先地位的根本。报告发表后,美国民众和社会舆论一致呼吁改变教育的"平庸"状况,提高基础教育质量,改善公立学校、完善师资培养,最终重建美国的教育体系,保障美国在国际竞争中的优势地位。在崇尚个体的美国社会中,能够引起公众和媒体态度一致的共同关注是非常罕见的。

《国家处于危机之中》报告从内容、期望、时间和教学四个方面对美国中等教育进行了调查,提出了美国中等教育中存在的问题,分析了现有的资源和改善教育质量的条件,报告最后还针对上述四个方面提出了详尽而实际的建议。因此,报告发表之后,一系列关注美国教育状况的报告纷纷出炉,推动了美国新一轮教育改革的迅速发展,构成了 20 世纪 80 年代美国轰轰烈烈的学业优异教育改革运动。学业优异教育改革运动的主要特点和措施包括:各州提高了毕业要求,要求高等教育提高入学标准;强化学生的标准化测验,提升教师的资格要求;全国各学区强调学生应掌握新的技能,特别是计算机技术,重视基础知识和基本技能的培养,延长了在校时间和学年长度。值得

注意的是，学业优异教育改革主要是在州层面上展开，联邦政府参与的程度较低。

　　总体说来，学业优异教育改革运动提出主要从三个方面加强提高教育质量，一是强化基础学科和外语的课程设置；二是提高教学和评价学生学业的标准；三是加强教师教育，提高教师队伍的水平。《国家处于危机之中》报告列举了一系列事实，指出教师队伍水平令人担忧，急需采取一系列措施尽快改变教师队伍数量不足、水平低下的状况。报告指出以下内容。

　　(1)学业成绩排名在最后四分之一之列的高中和大学毕业生进入教师队伍的人太多。

　　(2)教师教育课程"教学方法"课程占的比例过重，牺牲了学科课程的教学时间。有一项针对1350所培养小学教师的机构调查发现，未来教师把41%的时间都花在了学习教育课程上，减少了学习学科课程的时间。

　　(3)有12年教学经验的教师的平均年薪为17000美元，许多教师必须兼职或暑假工作来弥补收入的不足。另外，教师个人在重大的专业性决定上，比如教科书的选择上，没什么权力。

　　(4)尽管人们认为教师队伍过于庞大，但某些学科，如数学、科学和外语的教师严重缺乏。面向天才学生、少数民族学生和残疾学生的专业教师严重缺乏。

　　(5)数学和科学教师的短缺尤为严重。1981年一项对45个州的调查发现，其中43个州缺乏数学教师，33个州地球科学教师严重短缺，各州都急需物理教师。

　　(6)新聘用的数学、科学和外语教师有半数不能胜任该学科的教学工作；只有不到三分之一的美国高中拥有合格的物理教师。[1]

　　此外，学业优异改革运动中的另一份重要报告《为优异而行动(Action for Excellence)》也指出，教师队伍的不均衡造成数学和科学等关键学科缺乏合格教师；教师工资不高，并且教师工资按照严格的"薪金计划表"执行，缺乏对业绩突出教师的奖励是造成美国当前教育危机的重要原因。[2]

　　针对教师准备不足的状况，《国家处于危机之中》和《为优异而行动》两个

　　[1]　The National Commission on Excellence in Education. (1983). *A nation at risk: the imperative for educational reform*. Washington D. C.

　　[2]　Anonymous. (1980，June 16). Help! Teacher Can't Teach! *Times*. New York.

报告都提出了改革措施，主要可以归结为以下四个方面：第一，提高教师教育的入门门槛，侧重未来教师的学术能力与倾向；第二，增加教师工资，建立教师的职业分级并作为支付工资的基础，拉开新教师、有经验的教师和专家教师的工资差距；第三，雇用非学校人员，解决关键课程教师短缺的问题；第四，专家教师参加教师教育课程设计和教师视导工作。

从以上分析中可以看出，学业优异教育改革运动认为教师的不足是造成美国教育不能令人满意的状况的重要原因。然而事实上，不仅是历次教育改革都或多或少地将矛头指向教师，美国民众和社会舆论也常常对教师水平表示担忧。早在《国家处于危机之中》报告发表之前，1980 年 6 月 16 日的美国《时代周刊》就曾刊登长篇专题文章，对美国教师队伍的质量水平表示担忧和批评。这篇报道运用丰富的资料列举了美国教师队伍水平不足的种种表现。文章认为教师基础知识的不足，相当一部分教师（大约有 20%）根本没有掌握他们所教的阅读、写作和计算的基本技能。芝加哥一位三年级的教师在黑板上写下了这样一句话："按字毋（母）顺序排列下列词汇。"①

在这样的局面下，教师和教师团体再也无法将外界的批评置之不理了。一方面，以全国教育协会（National Education Association）和美国教师联合会（American Federation of Teachers）为代表的教育组织和教师组织对《国家处于危机之中》报告中对教师提出的批判进行了反驳，明确指出，美国教育质量低下的情况是政府为节省开支大幅削减教育项目造成的恶果，由于大量面向女性、少数民族和残疾人的教育项目被砍掉，联邦政府在节约了开支的同时却伤害了教育的公平，降低了整个国家的教育水平。政府的失责不能让教师成为替罪羊。另一方面，面对民众和社会舆论的压力，大量机构投入巨大的人力、物力和财力开展教师教育的调查研究，探讨教师教育的改革之路，为未来的美国教育提供合格的、充足的队伍保障。在此背景下，20 世纪 80 年代，伴随着学业优异教育改革，美国教师教育的改革也又一次提上了日程。

第二节　20 世纪 80 年代的美国教师教育改革

《国家处于危机之中》报告发表后，面对教育质量不尽如人意的现状，思

---

① Altbach, P. G. (1985). The Great Education "Crisis". In *Excellence in education: perspectives on policy and practice* (pp. 13-27). Buffalo, NY: Prometheus Books.

考报告对教师教育提出的批评和建议，有识之士提出，"教师教育与整个教育系统一样共同面临着危机"。[①] 就教师行业来说，教师面临的挑战一方面，来自没有得到明确的专业地位，教师的待遇水平和专业自主性与传统意义上的专门职业，如医生和律师相比根本无法同日而语；另一方面，教师队伍年龄结构不合理，教师短缺的状况会持续。而教师教育的危机表现在，大学教师教育项目被缩减，现有的项目也往往死气沉沉，大学的教师教育课程缺乏面向教育实践开展创新的动力和勇气。针对教师教育的危机，美国教育界做出了自己的回答：首先，不同机构和组织发表了大量有关教师教育改革的报告，针对加强教师职业的专业化地位提出了建议；其次，在有关组织和报告的建议下，开展了一系列提升教师的专业化水平教师教育改革探索，建立了全国性的教师资格认证组织；最后，实行选择性教师证书计划，解决教师短缺的问题。

一、教师教育改革的理念核心——教师专业化

20 世纪 80 年代，在社会舆论和教育改革浪潮的裹挟之下，大量有关教师教育和教师职业状况的研究报告相继发表，分析了当前美国教师教育的现状并为未来的发展提出了建议。其中最重要的三份报告是：美国优异教师教育委员会(National Commission for Excellence in Teacher Education)1985 年发表的《教师教育改革的呼唤(*A Call for Change in Teacher Education*)》；霍姆斯小组(The Holmes Group)于 1986 年发表的《明日之教师(*Tomorrow's Teachers*)》(后来霍姆斯小组还分别于 1990 年和 1995 年发表了《明日之学校(*Tomorrow's Schools*)》和《明日之教育学院(*Tomorrow's School of Education*)》，霍姆斯小组的三份报告对美国的教师教育发展产生了深远的影响)；卡内基经济与教育论坛教学作为专业之任务小组(Carnegie Forum on Education and the Economy. Task Force on Teaching as a Profession)发表于 1986 年的《国家为培养 21 世纪教师做准备(*A Nation Prepared：Teachers for the Twenty First Century：the Report of the Carnegie Forum on Education and the Economy's Task Force on Teaching as a Profession*)》。这三份报告都围绕着加强教师专业地位对美国教师教育改革提出了建议，构成了 20 世纪 80 年

---

① Altbach，P. G. (1985). The Great Education"Crisis". In *Excellence in education：perspectives on policy and practice* (pp. 13-27). Buffalo，NY：Prometheus Books.

代美国教师教育改革的思想基础。

1. 优异教师教育委员会与《教师教育改革的呼唤》

为了回应学业优异教育改革运动特别是《国家处于危机之中》报告对教师和教育的诟病，经美国教师教育学院协会（American Association of Colleges for Teacher Education）提议，在美国教育部、福特基金会等机构的资助下，成立了美国优异教师教育委员会。1985 年，优异教师教育委员会发表了题为《教师教育改革的呼唤》的报告。

优异教师教育委员会明确提出了形成报告的基本观念。报告明确指出，青少年接受教育的主要场所是学校。尽管随着科技的发展出现了各式各样的教育形式，博物馆、艺术馆、音乐厅和图书馆等公共文化机构为青少年提供了丰富的学习资源，但是这些都只能是学校教育的补充，不是教师，更不能替代教师。在有关教学工作和教师职业的性质方面，委员会认为教学是一项需要在科学和人文知识指导下进行的复杂的人类活动，教师是专业人员，而不是技师。因此，教师需要具备专业的知识基础才能胜任教学工作。教师必须通过学习、研究和实践获得必要的知识才能满足课程、教学和学生等多方面的复杂的需要。教师的学科知识不能仅仅是该学科中某些事实知识的累积，他们必须了解哪些知识能够为不同年龄的学生理解和掌握，并且要了解如何把这些知识教授给学生。此外，专业的教师还必须广泛了解教育问题，并且能够讲解给家长和其他感兴趣的公众。在教师的培养方面，委员会认为，教师的培养应该在高等教育层面进行；除职前培养之外，教师必须不断接受在职教育，以保证教师持续的专业发展。此外，教师在参加教学工作的第一年，应该进行系统评估、反馈和专业支持。最后，报告认为，同基础教育的主要管理责任在州一级一样，教师教育的主要责任也应由各州承担。

报告从五个方面对美国教师教育进行了考察，并提出了切实的改革建议：第一，合格教师的供应和需求；第二，教师教育课程（项目）；第三，教师教育的责任制；第四，教师教育的资源；第五，高质量教学所需的环境条件。①

报告分析了美国师资队伍的年龄结构和能力水平，预测了未来美国教师队伍的需求和供给状况，指出了美国教师的短缺状况仍将持续，建议通过开放教师行业与其他行业的人才流动来缓解教师短缺特别是少数民族教师和数

---

① Altbach, P. G. (1985). The Great Education "Crisis". In *Excellence in education: perspectives on policy and practice* (pp. 13-27). Buffalo, NY: Prometheus Books.

学等基础学科教师不足的问题；针对教师教育课程，报告认为，教师教育课程应该包括两个方面：（1）广博的通识知识基础；（2）真正能够帮助教师了解教学和学生学习特点、并能够指导教师教学实践的教育专业知识基础。新教师获得教师资格证书之后，还应该在学校、高等教师教育机构和专业组织的帮助下完成至少一年的实习。报告认为，州应该承担教师教育的主要责任，从教师资格证书的颁发和认证到高等教师教育课程的评估和认证，都应该以州为单位进行。在教师的资源和教学工作保障方面，报告则提出，联邦和州应为教师教育提供充足的经费，应建立国立教师教育学院，工作人员由大学从事教师教育教学和研究的人员及学校教师充当，成为全国教师专业发展和教师教育项目的领导机构。联邦和州还应提高教师的职业地位，为教师提供充分的专业发展机会，对教育行政人员的培养也应扩展到教学管理，以便为教师创造良好的专业工作环境。

2. 霍姆斯小组与《明日之教师》

1983 年，在约翰逊基金会（Johnson Foundation）的资助下，17 位来自美国最顶尖研究型大学的教育学院院长召开会议，共同探讨在主要研究型大学中培养高质量教师的方式。两年后，这 17 位大学教育学院院长组成了霍姆斯小组，完成了首次由美国教育界自行提出的教育改革报告。① 霍姆斯小组后来吸引了美国 50 个州的主要大学加入到其中。到 20 世纪 90 年代，霍姆斯小组的影响力有所下降，但是吸收了更多的教育机构，发展成为教育学院、教师专业组织、学校和学区的联盟，小组的名称也更改为"霍姆斯伙伴（The Holmes Partnership）"。

《明日之教师》报告分为三个部分：第一部分提出了教师教育改革的目标；第二部分提出了教师教育中存在的问题和阻力；第三部分提出了共同的行动计划。

报告从提高教师专业地位、培养高质量教师的角度提出了教师教育改革的目标：第一，完善教师教育的知识基础；第二，承认教师在知识、技能和所受教育等方面的差异；第三，设定教师职业的入门标准——与专业相关、知识基础完善的考试和教育要求；第四，建立大学教师教育机构与中小学的

---

① 教育部师范教育司. 教师专业化的理论与实践[M]. 修订版. 北京：人民教育出版社，2003：118.

联系；第五，使学校成为更有利于教师工作和学习的场所。①

为提高教师职业的专业地位，霍姆斯小组建议将教师资格证书分成三个层次：初任教师（instructor）、专业教师（professional teacher）和终身专业教师（career professional teacher）。其中初任教师证书并不是真正的教师资格证书，而是相当于一种入门准备证书。霍姆斯小组还就这三类教师资格证书的授予对象、授予途径和教育要求提出了明确的建议，并指明了每一类教师的专业发展方向。

针对高等教育水平的教师教育机构，报告建议大学取消本科层次的教育专业，以保证未来教师获得广泛而充分的博雅教育；本科生的学科知识教学要充分反映本学科的学科范围和知识结构；教育学院和教育系必须改变现在零散的、毫无计划的课程设置，加强对学科教育学的研究，未来教育学院的课程应以学科教育学为主。

在报告最后的改革行动建议部分，霍姆斯小组再次提出了教师教育改革的核心问题——教师的专业地位问题，建议大学的教师教育机构通过加强与中小学、州地方政府和立法机构的联系，从课堂教学层面到政策立法层面全面展开教师教育的改革行动。

3. 卡内基经济与教育论坛教学作为专业之任务小组与《国家为培养 21 世纪教师做准备》报告

卡内基经济与教育论坛成立于 1985 年 1 月，是卡内基公司的一个机构之一。论坛的主要职能是为制定适应经济发展与挑战的教育政策提供咨询和建议。1985 年 5 月，论坛主席汉博格（David Hamburg）任命了 14 位来自教育、新闻、商业、公共事业和科学界的人士组成了"教学作为专业之任务小组"，经过为期一年的调查研究，完成了报告《国家为培养 21 世纪的教师做准备》。

报告认为，在以知识为基础的经济环境中，下一代教师的教育是未来学校质量的关键，而教师的专业化则是重建卓越教育的最大希望。围绕着提高教师工作的"专业性"这一核心，报告提出了四个方面的建议：第一，建立新的教师专业环境；第二，建立国家专业教学标准委员会；第三，建议废除教育学士学位，把教师的专业培养提升到研究生层次；第四，改善教学工作的外部环境，提高教师薪资，提升教师职业对优秀人才的吸引力。具体建议包括以下内容。

---

① The Holmes Group. (1986). *Tomorrow's Teachers*. East Lancing, MI.

（1）建立全国教学标准委员会，成员由地区和州构成，标准委员会要建立教师的知识和能力标准，并为达到标准的教师颁发证书。

（2）改革学校，为教师提供良好的专业环境，由教师来决定如何帮助儿童最大限度地达到州和地方教育目标，教师应为学生的学习进度负责。

（3）改组教师队伍，引入一种新的教师类型——领导教师（Lead Teacher）。领导教师有能力重新设计学校和帮助其他教师提高教育质量和教育水平，并发挥积极的先锋作用。

（4）拥有文理科学士学位是学习教育专业的先决条件。

（5）在教育研究生院中开发新的教学硕士学位（Master in Teaching）专业课程，课程以系统学习有关教学的知识、见习和在中小学实习为基础。

（6）调动国家的资源培养少数民族教师。

（7）把教师的奖励与全校学生成绩挂钩，为学校提供必要的技术、服务和人员支持来提高教师效率。

（8）教师的薪资水平和职业发展前景与其他行业相比具有足够的竞争力。[1]

从上述 20 世纪 80 年代三个最重要的教师教育改革报告的简要介绍中可以看出，这三个报告有几个突出的共同点值得引起注意：首先，这三个报告都是以教师职业的专业性为核心，力图通过一系列改革措施提高教师职业的专业地位；其次，这三部报告都明确提出，需要构建教学工作的专业知识基础，作为高等教育层次的教师教育课程设计和学位教育的基础；再次，报告都强调对教师进行专门的专业教育，并认为最好把教师的专业教育提高到研究生层次；最后，报告都强调为教师建立良好的专业工作环境，尊重教师的专业自主性。也正因此，有学者把 20 世纪 80 年代成为美国教师教育改革的"教师专业化时代"。[2]

二、提升教师专业化水平的改革探索

霍姆斯小组报告和卡内基报告发表之后，在教师教育领域引起了极大的

---

[1] Carnegie Forum on Education and Economy Task Force on Teaching as a Profession. (1986). *A nation prepared*：*teachers for 21st century*. New York：1986.

[2] Murray，C. E. (1992). Teaching as a profession：the Rochester case in historical perspective. *Harvard Educational Review*，62(4)，494-518.

反响。报告中提出的很多改革建议都得以实施。其中美国国家教学专业教学标准委员会(National Board for Professional Teaching Standards，NBPTS)的成立就是采纳卡内基报告建议的直接成果。此外，一些州开始了改革教师教育体制的尝试，马萨诸塞州是最早进行改革尝试的州之一，他们的改革措施和步骤在各州引起的反响较大，到 20 世纪 90 年代，麻省教师教育改革吸引了越来越多的州进行方向和措施相近的教师教育改革。

1. 美国国家教学专业教学标准委员会与全国教师资格证书制度的建立

针对教师教育改革报告提出的建议，提高教师专业化水平的尝试和探索在美国丰富和发展起来。时任美国教师联合会(American Federation of Teachers，AFT)主席的阿尔伯特·沙克尔(Albert Shanker)认为，要加强教师的专业地位，首先就要尊重教师在教学领域的专业自主权。教师在教科书选择、课程设计、组织教学等方面应该有充分的自主权，此外，针对教师的评估活动也应该由教师同行或教师专业组织来进行。此外，几乎所有的教师教育者都呼吁增加教师工资，提高教师待遇，提高教师的社会地位，增加教师职业的吸引力。在沙克尔的倡议和《国家为培养 21 世纪教师做准备》报告建议下，美国国家教学专业标准委员会于 1987 年成立，负责颁发和管理美国全国性的教师资格证书，成为加强教师专业化程度的重要措施之一。

1985 年，沙克尔呼吁成立一个全国性的教师标准和评估委员会，针对教师资格的授予进行研究，特别是要考察教师应该具备哪些知识才能够胜任教学工作，怎样考核这些知识才能给教师颁发资格证书。1986 年《国家为培养 21 世纪教师做准备》建议，任命一个委员会，明确教师应具备并且能够具备哪些知识，提出严格有效的评估标准，并且保证获得任教资格的教师能够达到要求。后来在北卡罗来纳州州长詹姆斯·B.亨特(James B. Hunt，Jr.)的主持下，美国国家教学专业标准委员会正式成立，并且成为一个主要由教师构成的专业资格认证委员会。美国国家教学专业标准委员会提出，教师资格的认证应该遵循五个方面的原则。(1)教师相信学生和学生的学习能力；(2)教师了解他们所教的学科，以及如何向学生教授这些学科；(3)教师负责管理和监督学生的学习；(4)教师系统地思考自身的实践，并从经验中学习；(5)教师是学习共同体的一员。美国国家教学专业标准委员会现在共为教师提供 25 种涉及不同学科、面向不同学生年龄阶段的教师资格证书。

美国国家教学专业标准委员会的全国性教师资格证书与一般意义上的教师执照或教师资格证书不同，它是一种高级的教师证书，其申请资格有着严格的限定，包括申请人需获得学士学位，拥有州授予的教师资格证书以及三年或三年以上的教学经验。证书的申请过程也相对较长，除了参加纸笔测验之外，教师还必须参加其他形式的评估和考核，包括面谈、论文和现场考察等。教师还要按照一定的规格提供档案袋，档案袋材料包括教学活动的录像带、学生的学习成果等，此外，除课堂教学材料外，有关教师与学生家庭、学校社区及教师同事之间的互动材料也要作为档案袋材料的一部分。美国国家教学专业标准委员会的全国性教师资格证书的有效期是 10 年，到期之后，教师需要根据续领证书的要求提交一系列材料，在证明教师能够满足一系列标准、教学水准保持一致之后方可续领取证书。

美国国家教学专业标准委员会的建立和全国性的教师资格证书制度的实施，在方便教师流动的同时，更重要的意义在于：首先，美国国家教学专业标准委员会的资格认证提出了明确的专业标准，特别是优秀教师的专业标准；其次，教学专业标准委员会的专业标准表明，教师职业拥有自己独一无二的专业知识基础；最后，教学专业标准委员会的全国性认证的认证过程相对较长，而且从教师专业发展的各个环节提出了要求，教师取得证书之后仍然需要持续不断地专业发展活动来保证延续获得证书的资格。从这个意义上说，美国国家教学专业标准委员会的教师资格认证过程本身就是教师的专业发展过程。三个方面对于提升教师的专业地位具有积极的影响，美国国家教学专业标准委员会的创建和全国性教师资格证书制度的实施也就成为 20 世纪 80 年代最重要的美国教师专业化改革举措之一。

2. 马萨诸塞州的教师教育改革

在卡内基报告和霍姆斯报告的建议基础上，1986 年，在美国师范学校的诞生地——马萨诸塞州以加强教师知识基础，提高教师教学能力为宗旨的教师教育改革开始实行。这次麻省的教师教育改革主要包括两个方面的内容。一方面，州要求教师教育机构加强对未来教师的人文和科学基础的培养，要求学生具有文科或理科的学士学位，或是其他适宜的交叉学科的学士学位，并且要包括广泛的人文学科课程。如果大学中仍然保留着教育学的本科专业，那么教育学专业必须是双学位专业，除教育学之外，学生还要选择另外一个人文或是科学学科作为自己的专业。

在高等教育水平的教师教育之外，另一方面，麻省的教师教育改革还提出，教师培养的核心应该是在教师任教的学校完成的。基于这一理念，麻省教育管理部门要求增设新的辅导教师（mentor）类型，要求学区之间、人文学科和科学学科的大学教师及教育专家形成新的合作关系，这样新教师就可以由一个辅导教师团队来共同负责，从而帮助新教师在教学专业技能和学科内容知识方面都获得充分的发展。

麻省的教育改革由于理想化的成分较多，而且为教育学院提出了过高的要求，各项措施最终并没有得到充分地落实。但是，增加教师的人文和科学知识基础，注重在中小学培养教师的做法得到了保留。到 20 世纪 90 年代，约有 14 个州开展了类似的教师教育改革，并且一直在不断地实践，从这个意义上说，麻省最初实践霍姆斯报告建议的尝试为后来的美国教师教育改革提供了可供借鉴的范本。而霍姆斯报告所提倡的加强教师专业地位的主张和措施也在一定程度上，成了今天美国教师教育的现实。

3. 选择性教师资格证书的建立

20 世纪 80 年代，随着对教师培养质量认识的发展及教师缺口的逐年扩大，如何吸引具有较高专业学术水准并愿意从事教学工作的人进入学校担任教职，成为美国教育界思考的课题。首先，吸引学校外人员进入到学校教学工作中，必须要保证教学人员了解如何从事青少年的教学工作，而这正是校外人员所欠缺的；其次，应该如何评估校外教学人员的教学知识和技能水平，保证他们满足从事教学工作的最低要求？为解决上述问题，美国选择性教师资格证书制度应运而生。

简单说来，选择性教师培养制度在美国出现于 20 世纪五六十年代。当时，美国福特基金会共出资约七千万美元资助了一批研究生层次的教师教育项目，其中就包括一项为期五年的教师培养计划。在这个计划中，由大学人文学院和教育学院共同培养中学教师。后来福特资助的项目大多成为美国选择性教师教育项目的典范。此外，20 世纪 60 年代开始实施的教师合作伙伴(The Teacher Corps)项目也是选择性教师教育项目的突出代表。教师合作伙伴项目主要是吸引年轻的人文学科毕业生和有经验的年轻教师组成实习小组，在 1~2 年的志愿期内，一边在学校教书一边在教育学院学习。因此，在教师培养方面，选择性教师教育的模式可以简单概括为：拥有人文学科或科学学科专业本科以上学历的成人，经过一段时间的实践和学习之后，成为既掌握学科知识又具备教学专业知识的复合人才，走上教学岗位。

20 世纪 80 年代，选择性教师资格证书制度率先在新泽西州、爱达荷州和德克萨斯州等地展开。这些州建立了相应的选择性教师证书制度来保证选择性教师培养能够满足中小学教学的需要。如新泽西州的选择性教师资格证书与基于学校的教师培养项目结合起来，证书申请人一边在大学接受教育学院教师的指导，一边在学校从事教学实习。德克萨斯州则以学科划分为基础，建立了 25 种选择性教师证书。

选择性教师教育具有对象广泛、授课时间灵活、授课方式多样等特点，由于选择性教师教育的参加者以社会人士为主，因此，选择性教师教育的授课时间多安排在晚上和周末；在授课地点上，除大学教育学院之外，还为方便学生将授课地点设在社区中心等地；从授课方式上，借助远程教育手段、函授等方式帮助学生在短时间内达到课堂授课的要求，此外，选择性教师教育比较重视学生的课堂教学，很多项目都要求学生在大学教育学院修习学分课程的同时完成一定时间的教学实习。甚至有的项目是申请人先到中小学任教，然后边任教、边学习有关教育教学的专业知识。

然而，尽管选择性教师教育项目和选择性教师资格证书制度的实施拓宽了教师的来源范围，在一定程度上缓解了某些学科教师和少数民族教师短缺的局面，但是，由于学习时间要求不一（从 3 个月到 3 年不等），办学主体多样，从大学教育学院到学区的教师教育机构都可以开设选择性教师教育课程，而且常常采取边教边学的方式，选择性教师教育的实际效果往往受到公众和专家的质疑，反而损害了教师职业的专业性。

第三节　教师专业化与教师知识研究

20 世纪 80 年代的美国教师教育改革以推进教师专业化为主要特征，从提高教师的专业地位、保障教师的专业自主权、创造良好的专业实践环境等方面提出了改革建议。更重要的是，20 世纪 80 年代推进教师专业化的教师教育改革明确提出应该思考和深入研究构成教学专业的知识基础问题，以便从根本上解决有关教师职业专业地位的争论。从这个意义上说，教师知识研究是在教师专业化的话语中催生、发展起来的，其动力主要来源于两个方面。

一、教学作为专业

时至今日，有关教学工作的性质教育界依然没有达成共识。在历年来有关教师的分析中，形成了四个比较有影响的观点：（1）教师是艺术家；（2）教师是专业人员；（3）教师是临床诊断人员；（4）教师是研究者。上述四种观点各有道理，有的从教学对象的不确定性、教师决策的复杂性和教师的实践智慧角度对教学工作进行研究，从而得出了教师是艺术家或是临床诊断师的结论；有的则从教师职业具有的职业精神的要求、所需的技能及其社会影响的角度提出教师是专业人员；还有学者从教师实践的特点、教师工作的反思性特征的角度提出教师是研究者。

关于教学工作的另外一个争论在于，教学究竟是一个专门职业（profession）还是一项技艺（craft）。认为教学工作是"技艺"的人员看到了教学工作的经验性，认为实践经验的积累是教师成长的最好方式，因此大力提倡学徒式的教师培养模式。亚瑟·莱文（Arthur Levine）认为，有关教学究竟是职业还是技艺的争论仍然是造成当今美国教师教育的不同取向的前提。① 然而，经过社会学和教育学者的关于教学的研究和分析之后，越来越多的观点倾向于认可教学是一个专门职业。

社会学领域对专业的研究视角大致可以分为两类：一类是研究认为，不同专业群体的思想和实践与他们的知识、技能和情境有关；一类是把专业人员作为一个独立的社会群体，从社会阶层和机构化的视角对专业和专业人员进行研究。②

从社会阶层的研究视角出发，丹尼尔·贝尔（Daniel Bell）倾向于把专业人员看做是新兴阶级。马森（Simon Marcson）则提出，在大的官僚机构中的专业人员构成了竞争的社会关系形式与权威和控制形式，挑战了机构监督者与被其所替代的其他机构的权威式关系，即机构的正常协调关系。③

但是，大多数关于专业的社会学研究都采用了第一种方式，也就是"特质模式"的方式，罗列出若干"专业"的标准，然后以这些标准去衡量某一职业是否应被看做是专业。在埃利奥特（Philip Eliot）看来，这是为"专业"下了一个操作定义。针对教师职业的专业地位问题，施因（Edgar H Schein）总结了社会学者判断专业的标准：第一，专业人员面向客户，并且由于受过大量技术方面的教育和训练，专业人员了解对客户最佳的方案；第二，专业人员的决策只能由同行来评鉴；第三，设定其相关权限的标准，并通过同行组成的团体

---

① Levine, A. (2006). *Educating school teachers*. Washington, DC: The Education Schools Project.

② Elliot, P. (1972). *The sociology of the professions*. New York: Herder and Herder.

③ Schein, E. H. (1972). *Professional education: some new directions*. New York: McGraw-Hill Book Company.

进入专业实践领域。① 在施因看来，医疗服务业是专业化程度最高的职业，因为上述三条标准全部满足。与医疗行业相反，管理工作是最不符合专业标准的职业。因为管理工作不一定要求强烈的职业责任感（a sense of calling），通常也不具备特定的知识储备，管理人员对客户的概念也不清晰，而且显然不具备自主性。工程师和教师的专业化程度则处于医生和管理人员之间，因为他们必须具备经长期教育而建立起来的知识储备，在专业实践方面具备一套伦理和标准，并试图去保持专业的自主性。但是这两个职业的客户对象不明晰，影响了其专业性。而且，这两个行业中，来自较大组织线性考核比同行评价的力量更大、更权威，让他们的专业自主性受到了较大的威胁，也影响了职业的专业地位。

在教育界，许多教育研究者在"特质模式"的专业研究视角下，给出了判断教学专业的标准。比较典型的有：1948年美国教育协会提出的专门职业的八个特征及舒尔曼于1998年提出的判断教学专业的标准等。② 判断专业标准不外乎"拥有依靠正规的学校教育而获得的系统的专门知识基础，一套明确的伦理规范作为同行监督的基础，为公众服务、对客户拥有权威地位、对工作环境具有自主权和控制力"。③

我国有关研究者认为，教师职业的专业化与教师培养的专业化共同构成了教师教育专业化的内涵。④ 还有研究认为，"教师专业化"和"教师专业发展"两个概念是相通的，前者从社会学角度探讨教师群体的、外在的专业性提升；后者更多是从教育学维度加以界定，主要指教师个体的、内在的专业化提高。⑤

在国外的研究中，也有学者做出类似的区分，认为教师的"专业化（professionalization）"和"专业性（professionalism）"是两个既有联系又有区别的概

① Schein, E. H. (1972). *Professional education: some new directions*. New York: McGraw-Hill Book Company.
② 学者刘捷（刘捷：《专业化：挑战21世纪的教师》，教育科学出版社，2002）对上述标准进行了详细的综述，在此不再赘述。
③ Husen, T. & Postlethwaite, T. N. (1994). *The international encyclopedia of education*. Oxford, UK: Elsevier Science Ltd.
④ 朱旭东. 国外教师教育的专业化和认可制度[J]. 比较教育研究，2001（3）：6-12.
⑤ 教育部师范教育司. 教师专业化的理论与实践[M]. 修订版. 北京：人民教育出版社，2003：46.

念。前者关心的是教师职业的专业地位问题：教师怎样接受培养，教育文凭如何加强/限制某个群体进入到教学领域，从事该行业的女性和少数民族人数的增减与行业平均工资的增减之间具有怎样的关系等。而教师的"专业性"则是关注"教师决定其自身在课堂中的专业实践的权利和义务。"①

最近还有学者归纳了教师专业化研究的维度，认为当前的教师专业化研究主要从三个维度展开：第一，关于专业知识的研究，即教学中运用的系统知识；第二，教师在教学和学生发中过程中具有的责任和权威；第三，教师在教学实践中的自主权。②

综上所述，教师专业化包含两个层面的含义：一是外部的，教师职业地位和教师职业专门化的条件；二是内部的，即教师个体的实践能力的增长和强化。就专业而言，阿尔伯特（Andrew Abbott）认为，个体实践能力增长和强化的基础，就是抽象的专业知识。③

二、教学的知识基础

尽管教师专业化问题是 20 世纪 80 年代教师教育改革的核心问题，但是，有关教师专业化的研究和探讨却并不是"新问题"，在美国教育史上关于加强教师专业地位的努力和尝试是贯穿整个 20 世纪美国教育和美国教师教育的话语之一。

1939 年，威拉德·埃斯布里（Willard S. Elsbree）发表了《美国教师：民主社会中的专业演进（*The American Teacher：Evolution of a Profession in a Democracy*）》一书，从师范学校的形成和发展、教师继续教育机构的诞生和发展、教师社会地位等方面分析了从殖民地时期到 1939 年的美国教师的职业形成过程。

有学者认为，19 世纪末 20 世纪初，科学化的潮流造就了美国社会各个职业的专业化。"科学提高了对需要内在控制的专业训练的态度，以及个体对经

---

① Herbst，J.（1990）. *And sadly teach：teacher education and professionalization in American culture*. Madison，WI：The University of Wisconsin Press，Ltd.

② Lai，M. & LO，L. N.（2007）. Teacher professionalism in educational reform：the experiences of Hong Kong and Shanghai. *Compare*，37(1)，53-68.

③ Abbott，A.（1988）. *The system of professions：an essay on the division of expert labor*. Chicago，USA：The University of Chicago Press.

过实验证明了的规则的尊重"。① 其中最突出的是医疗行业和法律服务业成为确定的专门职业。在此背景下，卡内基基金会在20世纪初相继发表了三份讨论专门职业的重要报告：弗莱克斯纳（Abraham Flexner）关于医疗行业的考察报告、里德（Alfred Zantizinger Reed）关于法律行业的报告及伦德和巴格莱（William S. Learned and William C. Bagley）对教育行业的考察报告。这三份报告发表之后，医疗行业成为专门行业的典范，确定了专门职业的标准。伦德和巴格莱的报告呼吁：首先，要建立由专业的社会人士组成的委员会，对教师的培养、待遇和工作环境等不断进行考察，并指出需要改进的方向；其次，要成立专业标准组织，在统一标准下负责监督和管理全国的教师培养工作。在此基础上，这类研究提出，专业组织特别是有关"设定专业标准"的组织是教师职业走向专业化的重要途径。而真正意义上的"专业标准组织"建立和开展工作，则是在20世纪80年代《国家处于危机之中》报告发表之后。

乔·斯普林（Joe Spring）在对美国教育史的分析中指出，除通过教师组织进行争取提高待遇、改善工作环境的斗争之外，1933年前的教学专业化是通过教师培养的专门化实现的。主要表现是美国全国建立了专门的师范学校系统。1933年以后，当师范学校逐渐消失，并被高等教育层次的教师学院和教育学院所取代之后，美国教学的专业化过程就体现在提高教师资格证书的颁发标准和教师培养质量上。

从上述分析可以看出，美国历史上教师专业化的追求可以大致归纳为建立专业组织、提高专业水平和建立专业标准三个方面。然而，到20世纪80年代，再次将教师专业化作为改革的核心议题，说明上述三个方面的努力并不能满足教师专业化的要求，至少不能使教师的专业化程度达到培养学生所期望的水平。在这个背景下，从专业的基础——专业实践所依据的明确的知识基础的角度探讨教师的专业化就顺理成章地出现了。

有关教师应该具备什么样的知识的讨论在20世纪的美国教师教育史上也经过多次讨论。从20世纪30年代的弗莱克斯纳到60年代的科尔纳（James D. Koerner）和康南特（James B. Conant），都主张教师应该具备扎实的学科知识，他们常常批判教师教育机构用太多"不科学的""没挑战性的""毫无意义"的教育学课程占据了学生学习学科知识的时间。另一个讨论教师应具备什么

---

① Cesar, D. & Smith, J. K. (2005). The culture of educational professionalism in the twentieth century. *American Educational History Journal*, 32(2), 131-138.

知识的视角是在 20 世纪 20 年代的"科学化"话语影响下出现的追求教师效能取向的研究。这类研究以行为主义的心理学为基础，在课堂观察和心理学实验的基础上提出了一系列教师应具备的技能和技巧，作为教师必备的知识。然而，这两个取向的"教师知识"研究一方面没有与教师的专业地位相联系，不能解释教师与从事其他行业工作的人所掌握的学科知识有何区别，因此，使对教师学科知识的强调失去了基础。另一方面行为主义的教师效能研究抽离了教师的认识过程，更像是教师的反应训练，教师获得的是菜单式的技巧清单，也不能回答专门属于教师的、使教师区别于其他专业人员的知识基础究竟是什么。因此，对专属于教师的、回答教学作为专门职业的特定的知识基础的研究就成了 20 世纪 80 年代教师教育改革再也不能回避的问题。

本章小结

"专业"是西方国家进入现代化后呈现出的典型社会特征之一。[①] 在欧洲的英格兰等地，专业形成的标志是拥有完整的医疗和法律行业。具体表现为药剂师、外科医生和内科医生职业的合并，以及法律专业的低层分支地位逐渐提升，构成法律行业的从业队伍。同时，类似调查员、建筑师和会计等新职业的出现充实和扩大了专业的数量和队伍。在美国，专业的形成标志则是一般性的医疗工作战胜了其他的类似的职业，在社会分工中异军突起，同时形成了由设立大学专业学院来培养从业人员的专业教育传统。专业的数量扩展或是其他行业跨入"专业"的门槛则主要取决于该行业的工作形式被认可、证明其未来可能成为专业。

"专业"及其从业人员的出现在西方社会造就了大批"中产阶级"，构成了今天西方社会的基本阶层之一。"专业"是拥有有专门技能的职业团体。[②] 并且，由于从事专业所需要的专门技能是一种抽象的技能，需要大量的训练，而不仅仅是日常性的常规工作，需要专业人员根据不同的案例采取不同的应用技能方式。因此，专业或多或少都是排他性的。由于专业的排他性，获得专业地位的职业在社会分工中，往往处于较为有利的位置，便于获得较高的

---

① Abbott, A. (1988). *The system of professions: an essay on the division of expert labor*. Chicago, USA: The University of Chicago Press.

② Ibid.

社会地位和较为丰厚的经济回报。然而，职业（oocupation）要成为"专业"，获得专业的地位，需要从社会结构和认知结构两个方面获得"合法性"，从而与一般性的职业区别开来。

根据阿尔伯特的研究，专业获得合法性的主要途径体现在三个层面：立法层面的合法性、公众层面的合法性和工作场域的合法性。其中最为核心的是工作场域的合法性，即"宣称对某种工作拥有控制权"。[①] 因此，工作场域的合法性是专业获得合法性的核心。考察教学工作的专业性及从事教学工作的教师的专业性始于分析教学工作的特性。相比于医疗和法律专业，教学工作的最大特性在于，现代学校体系中，教学是以组织化的形式发生在学校中的，因而，教学工作与医生依赖于个体诊所或是律师事务所最大的区别在于，学校中的教学是发生在文化组织之中的。对于组织中的教学工作，其突出特征在于，首先，教师不能自行界定教学工作的边界，教师往往不得不承担大量非教学工作。特别是小学教师，往往还承担大量的照顾与护理的工作，这类非教学工作会使得教学工作的边界变得模糊，从而潜在地损害了教学的专业性。其次，在类似教学的组织型的专业中，专业之间的分工被组织内部的分工所替代。同时，分工是通过协商和习惯确定的，体现了专业合法性的情境原则，这就导致了专业实践者内部的分化。典型的现象就是虽然"教师"被看做是一个整体，但是其内部包括了教育行政人员、教学人员、后勤工作人员等不同群体，因此，教师被诟病的"不专业"或是"专业性不足"往往并非出于对教学专业性本身的质疑，而是对学校内部分工的质疑。

"专业"获得工作场域合法性的核心在于，专业知识也就是专业的认知结构能否为专业所需的工作技能提供必要的知识基础，也就是专业知识的合法性。判定专业知识合法性的标准在于，专业的知识能否"诊断、推断和治疗"专业实践中的困境。对于类似医学、法律和建筑这样的"硬"专业来说，专业知识的核心特征是"抽象化"，专业在其最初起源的时候都发展了抽象的、正式知识体系。这类专业知识由于代表正式和理性，满足主流的文化价值观，即逻辑、理性和科学，因而在更广泛的价值观意义上使专业获得了合法性。[②] 相反，实践知识则会被看做是工艺知识，与理性和科学的价值观相悖，不能

---

① Abbott，A. (1988). *The system of professions：an essay on the division of expert labor*. Chicago，USA：The University of Chicago Press.

② Ibid.

成为使专业获得合法性的知识基础，太过具体的知识易于流于普通的文化，也会损害专业合法性。① 因此，可以说在 20 世纪 80 年代美国教师教育改革的背景下，提倡教学的专业性，强调教师队伍的专业化，其核心问题就是要解决教育学的知识能否实现一般意义上的抽象化、科学化和理性化，教育学知识可否像医学知识、法学知识那样，成为专业人员开展实践的基础，专业人员的任务只是应用和实施教育学知识，而不必生产教育学知识。因此，教师知识的合法化问题首先转换成了一个关于教育学知识的追问：教育学知识是否能够成为教师教学专业知识的基础？

---

① Abbott，A. (1988). *The system of professions：an essay on the division of expert labor*. Chicago，USA：The University of Chicago Press.

第二章 美国教师教育大学化与教师知识的合法化

1963 年，师范学院正式退出了美国教师教育的历史舞台，当代美国的教师教育步入了"大学化"阶段，形成了开放式的教师教育体系。其特征表现是：独立于普通高等教育体系之外的高等师范教育体系消失，升格或归并于综合大学①，通过综合性大学来培养教师。经过 40 多年的发展，大学教育学院不仅成为教师培养的绝对主力，同时，还成为了美国高等教育体系中一个规模庞大的子系统。据统计，完成了大学化的美国教师教育提供的学历层次涵盖了本科、硕士和博士。根据 2006 年的统计，本科学历层次培养的教师数量占全部教师的 13%，硕士层次占 54%，博士层次占 34%。2003 年，全美所有四年制学院或综合性大学中，共有 1206 所教育学院或教育系，在全部四年制学院或综合性大学中占 78%。教育学院授予的学士学位占全美授予的学士学位的十二分之一，全美授予的硕士学位中，四分之一是教育学院授予的。此外，全美有 15% 的博士学位是由教育学院授予的，超过了其他任何一类同级学术机构。② 在强调教师专业化的背景下，相当一批教育学院成为了具有研究生以上培养水平的专业研究生院，因此作为教师的培养基地，作为教师知识的生产和传播机构，分析教师知识的合法化离不开对教育学院的研究。

---

① 高等师范院校升格或是合并为综合性大学之后，通常以教育学院或是教育系的形式出现，为便于行文，本文将综合性大学的教育学院或是教育系乃至为培养硕士以上学历的教师而设置的"教育研究生院"统称为"教育学院"。

② 数据来源：Levine, A. (2006). *Educating school teachers*. Washington，DC：The Education Schools Project.

然而，不幸的是，教育学院常常成为教育失败的靶子，成为生活中人们调侃的对象。从教学和研究上看，正是由于教育学院所培养的教师不能满足专业社会中对教师的要求，教师知识的合法化地位受到了质疑和抨击，才使教育学院落入了尴尬的境地。

第一节　教育学院的边缘化与教师知识合法化

一、教育学院的边缘化及其危机的原因

开放式的教师教育体系为美国的教师培养做出了巨大的贡献。应该说，这种教师教育体系最大的特点就是能够在广泛而精深的基础学科教育方面给未来的教师打下比较牢固的基础。然而，无论是在大学体制内部还是公众形象方面，教育学院似乎始终给人以"费力不讨好"的印象，针对教育学院的质疑和批评似乎从来就没有停止过，无论是从机构设置的角度还是从知识地位上，教育学院都面临着重重困难和危机，在公众心目中，它是最没有竞争力的学院；在综合性大学中，它成为了被"边缘化"的机构。

1. 教育学院边缘化的表现

2006 年 9 月 19 日，美联社（American Association Press）、纽约时报（*The New York Times*）和华尔街日报（*The Wall Street Journal*）同时对"教育学院项目（Education Schools Project）"研究报告《学校教师的教育（*Educating American Teachers*）》（报告作者是前哥伦比亚大学教师学院院长亚瑟·莱文，故以下简称"莱文报告"）的发表进行了报道。一份研究报告的发表能够吸引多家有影响力的主流媒体对其进行报道，一方面令人对美国公众对教育问题的关心感到由衷的高兴；但是另一方面报道的口吻却令从事教师教育工作的有关人士心情沉重。所有的报道都援引《学校教师的教育》报告的研究，毫无例外地以对教育学院的批评开场。但不管怎么说，上述报道对教育学院所提出的批评意见不过是研究报告本身发现的一些问题，作为一种媒体吸引读者眼球的"招数"，媒体的做法无可厚非，教育界人士也不必过于在意。可是另外一篇报道在从事教育工作的人的心中，恐怕就只能留下深深的刺痛了。这是2003 年 2 月 16 日《底特律新闻（*Detroit News*）》在第一版发表的一篇长篇报道。报道的内容是一位农场出身的贫寒黑人子弟，通过奋斗再加上一点点好运气成为百万富翁之后，把自己开沥青公司挣来的 300 万美元捐献出来，开

设一家特许高中。记者在报道他的奋斗故事时说："这个几乎烂到底的高中生进入大学之后很快就被学业压垮了。第一年，光是英语就挂了三次红灯。他仿佛回到了日出而作的农场生活，挑灯夜战、埋头苦读，同时他找到了最容易毕业的捷径：到教育学院主修教育学"。① 结果这个个人奋斗的英雄毕业后仅当了一个月的高中教师就迫不及待改行了。这样的故事听来实在让教育工作者垂头丧气：在这样一个美国式的个人奋斗的故事中，不仅记者和故事的主人公理直气壮地说出了为了成功所用的小小"伎俩"，更糟糕的是，这种理直气壮的态度正说明公众对教育学院的看法跟记者和故事主人公完全一样，根本无须任何解释。

在学术机构内部，教育学院面临的窘境更为严重。在学术工作者眼中，教育学根本就是次等学科，对此完全不屑一顾。② 从事教育与传统人文社会科学形成的交叉学科，如教育社会学、教育经济学等学科教学的教授总是忙不迭地将自己归类到人文和社会科学的母学科当中去。从教育学院走出的教师往往批评教育学院的教师教育培养项目和课程缺乏操作性，所培养出来的教师不能满足实践的要求。教育政策的制定者则把教育学院看做学业失败和教学水平低下的总根源，一遇到公众的批评和质疑，顺手就把这只替罪羊扔出去。"在学术界和公众中间，挪揄调侃教育学院一直就是大家最轻松的休闲话题，就像谈论天气一样，顶了天也不会冒犯任何人。"③

公众批评和在学术机构内部的不得志，让许多大学的教育学院特别是声望很高的研究型大学的教育学院面临着一系列危机，甚至是影响到了教育学院的生存。因为每隔几年，就会有关闭教育学院的提案提出来。④ 1988 年，两位加州大学伯克利分校教育学院的前任院长克里福德（Geraldine Joncich Clifford）和古绪尔（James W. Guthrie）合作出版了一部分析美国研究型大学中

---

① Bebow, John. 2003. He has $300 million for Detroit: Bob Thompson challenges establishment by exhausting fortune to build schools. Detroit News, February 16. *op cit*, Labaree, D. Trouble with Ed Schools[M]. New Haven, CT, USA: Yale University Press, 2004: 1.

② 霍斯金著，刘健芝等译. 教育与学科规训制度的缘起[A]// 学科·知识·权力[C]. 北京：生活·读书·新知三联书店，1993：43-79.

③ Labaree, D. (2004). *Trouble with Ed Schools*. New Haven, CT, USA: Yale University Press.

④ Clifford, G. J. & Guthrie, J. W. (1988). *Ed school: a brief for professional education*. Chicago: The University of Chicago Press.

教育学院的机构设置和机构文化的著作，在这部著作中，他们披露了一段鲜为人知的历史，从 20 世纪 70 年代末到 80 年代初，加州伯克利分校教育学院受到普林斯顿大学的影响，从学校管理层到其他专业教育机构（如法学院）传出的撤销教育学院的主张不绝于耳。理由是在顶尖的研究型大学中设立教育学院会影响大学的研究性地位和学术声望。①

如果说 30 年前的撤销大学教育学院的主张是出于对教育学学科地位的怀疑，那么 2006 年莱文报告的发表，事实上是一次教师教育工作者内部对教育学院的否定。在某种程度上，这种否定更加危险，也更加剧了教育学院的尴尬。莱文报告在一系列调查研究的基础上，具体地分析了教育学院教师培养的状况，指出了当前全美教师教育机构中存在的问题。莱文对 1800 名中小学校长进行了问卷调查，在收回的 738 份有效问卷中，只有 40% 的受访者认为，教育学院培养的教师是合格的。② 莱文分析了教育学院在教师培养方面存在的问题，他指出造成教学质量不高的根本原因在于教育学院的教学水平之间差距太大，特别是不授博士学位的教育学院严重拖累了全美的整体水平。因此，他主张撤销只提供本科学历的教育学院，把教师教育全部集中到能够授予博士学位的教育学院当中。此言一出，满座哗然，美国教师教育认证委员会（National Council for Accreditation of Teacher Education，NCATE）主席亚瑟·怀斯（Arthur E. Wise）批评莱文报告所建议的精英主义的教师教育。他指出，大多数教师都是通过州立学院或州立大学培养的，"不能指望学生花上 16 万美元接受四年教育之后去找一份年收入 3 万美元的工作"。③ 美国教师教育学院协会主席（the American Association of Colleges of Teacher Education，AACTE）沙朗·罗宾逊（Sharon Robinson）则指出，尽管莱文研究报告中所分析的问题确实存在，但是解决问题的途径并不是把教师教育向精英型的教育学院转移，而是应该提高普通教育学院的水平。

归纳起来，当代美国教育学院所面临的危机主要体现在：第一，教育学院的入学门槛过低，导致教学职业的专业性受到了质疑；第二，教育学院生

---

① Clifford，G. J. & Guthrie，J. W. (1988). *Ed school：a brief for professional education*. Chicago：University of Chicago Press.

② Levine，A. (2006). *Educating school teachers*. Washington，DC：The Education Schools Project.

③ Finder，A. (2006). Report critical of training of teachers. *The New York Times*，2006-9-16.

存的基础受到怀疑，是否有必要通过教育学院专门培养教师成为人们争论的焦点，仍然有一部分人认为学好学科知识就是最好的教师培训；第三，教育学院的培养质量不高，接受培训的教师并不能很好地胜任教学工作。

2. 教育学院的教学状况与教师知识合法性的危机

教育学院饱受批评和责难并不是一天两天的事情，那么造成教育学院这种尴尬局面的原因究竟是什么呢？在美国教师教育的发展史上也有很多专家学者去讨论这个问题。包括莱文报告也对造成教育学院地位低下的原因进行了分析。

莱文从教师培养的质量角度指出了教育学院危机的成因，他指出，造成教育学院保守抨击的主要原因在于教育学院培养的教师无法满足中小学教育对教师质量的要求。而教师培养质量的低下又是由以下方面的原因造成的。首先，教育学院录取门槛低的原因始终未能得到很好的解决。尽管人口的增长和结构变化始终在教师数量方面有着较大的需求，但是造成这种需求的原因之一是由于教师的流失，而不是教育学院培养的人才数量不能满足需要。更重要的是，这不是教育学院本身的问题。因为很多综合性大学把教育学院当成了"提款机"，不仅不为教育学院提供拨款，甚至还要求教育学院为其他学科的教学和研究工作提供经费，结果教育学院不得不通过大量招收学生来满足这些要求。其次，在教育学院的师资队伍构成和课程设计方面，能够提供研究生学历水平教育的教育学院要远远好于提供本科学历水平的教育学院，结果导致教育学院的教学和课程发展不均衡，培养质量不均衡，给人们造成一种感觉，好像教育学院的教学质量都不高。最后，由于对教育学院系统缺乏整体的质量监控机制，使得不同的教育学院在机构建设方面存在着极大的差异。

从上述分析中我们可以看出，在通过培养专业化的社会所需的人才方面，教育学院没有能够充分地表现出"效能"，即为中小学提供足够合格的教师，因此教师知识的合法性地位就受到了质疑。对是否应该设立教育学院的疑问事实上是对教师知识的怀疑，人们怀疑是否真的有那么一些知识是需要传授给未来教师的，是不是只要我们把这些知识传授给未来教师，他们就能够教学呢？答案显然是不乐观的。对教育学院地位的质疑还包括对教育研究的怀疑。如果我们以"有效"的标准来衡量，那么教育研究所生产的知识能否达到教育系统的需要？无论是从教学质量的评价来看，还是从教育体系的效率来看，美国公立学校对上述问题都持悲观的态度。因此，从这个意义上说，教育学院的危机实际上是教师知识合法性的危机。

二、教育学院的危机与教师知识合法化

有学者将教育学院地位低下的原因同教师职业的专业地位联系起来进行分析。如齐默非（Nancy Zimpher）认为，教育学院的尴尬处境是由于教师职业的专业性没有得到确立而造成的。① 然而，这种观点值得商榷。因为造成教师专业地位较低的原因很多，有相当一批研究者认为教师专业地位低下的重要原因就在于教师教育的门槛太低。因此，究竟是由于教师职业专业性不高造成了教育学院的危机还是相反，是由于教育学院的原因降低了教师职业的专业地位，这两个问题就像"蛋生鸡，鸡生蛋"的问题一样，是无法判定先后的。还有学者从历史社会学视角对教育学院的危机进行了历史分析和功能分析。② 拉伯雷（David Labaree）首先从美国师范学校的起源分析了教育学院地位较低的原因。他认为，在庞大的社会需求面前，师范教育一开始就急于满足社会需求，只注重了教师数量的培养，而不重视质量的提高。其次，拉伯雷认为，专业教育的核心特质在于"垄断"和"择优"。师范学校在成立之初更注重其社会功能，即社会效率功能和社会流动功能。社会效率功能就是前文所指的着重满足社会需求，而社会流动功能则是指师范学校在 19 世纪为许多家庭提供了获得社会地位的机会。结果在文凭市场和职业市场的背景下，师范学校放弃了专业教育的垄断和择优，因此也就无法获得较高的市场地位了。

除了从培养质量、教师专业地位和教师教育的历史发展与社会功能角度分析教育学院危机的原因之外，在美国教师教育史上，还有研究者从教师知识角度探讨了教育学院的危机。学术取向的教师教育思想代表人物之一科尔纳从学术学科的要求出发，探讨了教育学院的危机问题。科尔纳认为，教育学的学科地位是值得怀疑的，因为教育学本身没有发展出学术学科所必需的一套核心的概念体系和技术规范。③ 霍斯金（Keith Hoskin）也分析了教育学科

① Zimpher, N. L. & Sherrill, J. A. (1996). Professors, Teachers, and Leaders in SCDES. In J. Sikula, T. J. Buttery & E. Guyton (Eds.), *Handbook of research on teacher education*. New York: Macmillan.

② 周钧. 历史社会学视角中的美国大学教育学院研究——评《教育学院之困境》[J]. 教育学报，2006 (4)：91-96.

③ Koerner, J. D. (1963). *The miseducation of American teachers*. Baltimore: Penguin Books Inc.

的"次等地位"。他认为，教育学成为"次等学科"的主要原因在于，19 世纪末叶，在一批把教育学推上知识殿堂的大师的努力之后，教育学没有发展成为完善的现代专门学术领域，而教育学原有的珍宝，如杜威（John Dewey）和涂尔干（E'mile Durkheim）等人又被"真正的"学科据为己有。①

以知识合法化的观点来看，科尔纳和霍斯金的主张可以解读为，教育学院之所以地位不高，是因为在科学高唱凯歌的时代，作为教师知识的重要部分，教育学没能发展出具有内部一致性（信度）和实验可信度（效度）的规范，也没有找到能够使其获得合法化的宏大叙事，因此，当判定"真"的权力和判定"善"的权力已经统一的现代知识条件下，教育学遗憾地失去了合法化的地位。哪怕它已经顺利地进入了大学系统，成为了教师教育的"官方知识"。

教育的学科地位还揭示了教师知识合法化过程中的复杂性。在教育学还没有从哲学中独立出来之前，教育学知识的合法性是伴随着哲学一起获得的。在教育学从哲学中独立出来之后，在美国，以杜威为代表的教育学研究者也曾经进行过科学化的尝试。杜威提出，要用科学实验的方式培养教师，就是把教育实习看做是教师的科学试验。但是杜威在芝加哥大学建立的实验学校很快就被查尔斯·贾德（Charles Judd）放弃了。此后，教育学的科学化运动在桑代克（Edward Throndike）实验心理学的大旗下迅速得到了各个教育学院的响应。那么教育学的学科地位是如何衰落的呢？沈剑平指出，教师培养体制从师范教育体系走向开放教育体系之后，人们忽略了教育学知识其实是两种教育学的合流。只不过这种合流不是融合，而是共存于一个场所中，并且导致了教育学内部的断裂。② 他认为，教育学的学科传统来自于两个方面：一个是属于师范学校的"教学法学科"；另一个是属于大学的"教育学学科"③。师范学校的兴起是伴随着 19 世纪三四十年代美国公立学校运动的兴起而出现的，这种专门的、中等水平的教师培养机构主要是为了满足公立学校运动对教师的大量需求。因此，师范学校的教育具有"短、平、快"的特征。小学毕业生在师范学校经过短期的学习（6 周至 2 年），毕业后直接从事小学教学的工

---

① 霍斯金著.刘健芝等译.教育与学科规训制度的缘起[A]. 学科·知识·权力[C]. 北京：生活·读书·新知三联书店，1993：43-79.

② Shen, J. P. (1999). *The school of education：its mission，faculty，and reward structure*. New York：Peter Lang Publishing Inc.

③ 当时的教育学英文都是"pedagogy"，为突出教育学的理论特征和面向实践的教学技巧特征，本文暂时以"教学法学科"和"教育学学科"区分教育学的两个传统。

作。由于时间很短，因此师范学校的课程以面向教学实践的教学法学科和教学技巧为主，并没有多少学术课程。因此，师范学校的毕业生往往只掌握小学水平的学科知识和一些被冠之以"教学艺术"的教学法知识和教学技巧。然而，在升格的过程当中，师范学校不再是单一的培养教师的机构，它的功能发生了改变，学术课程所占比重上升，教育学课程所占比重显著下降。结果一方面希望向大学的其他院系靠拢，一方面又想保持师范学校原有的教育学特色，左右为难的局面使师范学校的教育学失去了原有的面向实践的传统。这种局面一直伴随着师范学校升格为教师学院，再从教师学院升格为大学的教育学院。因此，在科学知识以"解放""自由精神"等宏大话语获得合法性并在大学中占据了显赫的地位之后，教育学既没能搭上这趟末班车，更无力为面向实践的教师知识辩护，从而导致了教师知识无法在大学中获得合法地位的局面。

再来看看教育学在大学中的情况。1879—1890 年，一些大学设立了教育学讲座。到 1890 年，据报道说超过 45 个大学设立了教育学讲座。[1] 设立教育学讲座的目的，是因为相当多的大学生一毕业就去担任学校管理人员或是学区学监，尽管他们可以在实践中学习，但是如果能提前熟悉一下对他们将来的工作来说非常重要的某些主题那就更好了。[2] 进入大学的教育学并不是出于教育实践的目的，而是为了使学生具有理论上的准备。大学中的教育学是理论性的，特别是以康德为代表的教育学的伦理取向使教育学通常被看做是人文学科，这使当时大多数教育学讲座都设在人文学院特别是哲学系当中。然而，教育学讲座进入大学之后，也受到了排斥，尤其是设立教育学讲座的人文学院担心教育学的实践性会影响自己的学术地位。[3] 担任教育学讲座的教授采用了一系列策略来抵御传统大学人文学科的排斥。首先，教育学在讲座中被界定为人文学科。第一位担任教育学讲座的主讲人威廉·佩恩（William Payne）指出，教育学是人文科学。在大学中讲授的教育学是为了培养未来的

---

① Johanningmeier, E. V. & Johnson, H. C. J. (1975). The education professoriate: A historical consideration of its work and growth. In A. Bagley (Ed.), *The professors of education: an assessment of conditions* (pp. 1-18). Minneapolis: MI: Society of Professors of Education, College of Education, University of Minnesota.

② Shen, J. P. (1999). *The school of education: its mission, faculty, and reward structure*. New York: Peter Lang Publishing Inc.

③ Ibid.

教育管理人员的,与师范学校所教授的技术性的教学法训练有着本质的区别。技术性的教学法训练是为未来教师准备的。大学教育学的教学人员牢牢地抓住了培养管理人员这根稻草,努力使大学的教育学远离一线教学和教师的培养。其次,此时的大学教育系或是教席乃至后来的教育学院,倾向于使用"education"来代替偏向教学法含义的"pedagogy",以此将教育学的研究范围扩大到与教育相关的其他领域,摆脱狭窄的学科限制。事实上,佩恩本人曾经做过教师、教育杂志的主编,当过师范学校的校长也做过学校督学,具有丰富的教育经验,并且他是自学成才,没有接受过学院派的教育。因此,佩恩成为美国教育学教授之后所提出的一系列理论取向的关于教育的主张,一方面反映出教育学的学科基础确实尚未明确;另一方面也反映了当时大学对合法知识的认定标准。在追求科学化的时代浪潮中,没有以实证的、可重复的实验研究为基础的教育学无法获得大学的青睐。

从上述分析中我们可以看出,教师知识合法性危机的根源在于,在教师教育体系的建立过程中,教师知识的合法性发生了断裂,面向理论的教师知识与面向实践的教师知识在教师教育的体系中未能得到充分的合法地位。其结果就是越是在研究型的综合大学中,教育学就越是要制造一种远离教学的姿态。造成这种断裂的原因,则要到美国教师教育的大学化过程中去寻找。

第二节 从师范学校的演进看教师知识的合法化

通常认为,美国教师教育大学化主要是通过三种传统实现的:师范学校传统、人文学院传统和大学传统。[①] 还有学者提出,美国教师教育的大学化是通过四种途径实现的,分别是:(1)从师范学校到教师学院再到大学教育学院;(2)从大学教育讲座制到教育系再到大学教育学院;(3)大学直接建立教育学院;(4)文理学院建立教育系。[②] 在大学化的过程中,不同的知识传统构成了目前教育学院教师培养和课程设计的知识基础。相比之下,师范学校的

---

① Feiman-Nemser, S., Houston, W. R., Haberman, M. & Sikula, J. (1990). Teacher preparation: structural and conceptual alternatives. In *Handbook of research on teacher education: a project of the Association of Teacher Educators* (pp. 212-233). New York: Macmillan Publishing Company.

② 周钧,朱旭东. 美国教师教育大学化形成的路径研究[J]. 高等教育研究,2005,26(12):57-68.

升格、大学讲座制的扩展和建立大学教育学院的方式都体现了教师专业知识进入到教师教育培养体制中的过程。而文理学院建立教育系的模式代表了美国教师教育的学术传统，即认为教育学等同于学科专业，掌握了学术知识自然就能够成为教师。因此，在大学化的过程中，教师知识完成了合法化的一个重要层面：官方化，即正式成为培养教师的专业课程。本研究将重点探讨师范学校路径和大学教育系路径中的教师知识合法化过程。

一、师范学校到教育学院的发展历程

1839 年，美国公立学校运动的领袖，同时也是师范学校创始人的贺拉斯·曼（Horace Mann）在考察了纽约州教师培养的经验和教训之后，决定由州出资，建立州所属的师范学校，满足公立学校运动对大批初等学校教师的需求。同年，美国第一所师范学校在马萨诸塞州成立，在此后的两年时间里，麻省又先后成立了两所师范学校。之后，从 1844 年到 1860 年，美国已经有16 个州设立了州立的师范学校，总数达到了 35 所。① 曼提出了建立师范学校的几个原则。首先，师范学校的教学要适应教师的需要，要与普通教育机构的教学区别开来。其次，他们决定用通过个人捐款和州立法会拨款筹集来的 2万美元在麻省不同市镇建立三所师范学校。地点就由需要建立这类教育机构的市镇以"竞标"的方式确定，在州教育委员会资助的基础上，地方政府需要承担建设校舍、购置教学设施等开办此类学校所需的其他费用。再次，新的教育机构的课程要使学生胜任州公立学校所有科目的教学，学习时间为一年。最后，教育机构的学生要具备学习能力，必须具备担任教师的志愿，男生不得小于 17 岁，女生不小于 16 岁。②

在麻省最初建立的师范学校中，课程的设计和安排包括以下几个方面：第一，学科知识，主要是指与公立学校所教授的学科相对应的学科知识；第二，教学艺术，也就是通常所说的教育学知识；第三，关于学校管理的知识，当时所强调的学校管理主要是维护学校的秩序；第四，教学专业实习。上述这四个方面的课程奠定了今天教师教育课程结构的雏形。

南北战争之后，师范学校获得了较快的发展。1869 年美国共有 35 所师范

---

① Fraser, J. W. (2007). *Preparing America's teachers: a history*. New York: Teachers College Press.

② Ibid.

学校，但 10 年之后，1879 年师范学校的数量猛增到 69 所。美国师范学校的数量到 1890 年达到了最多，共有 135 所公立师范学校和 40 所私立师范学校，其中公立师范学校在校学生 27000 人①。值得注意的是，此时的师范学校在承担初等学校的教师培养任务之外，开始向着培养中学教师的方向发展，并且已经具有了多样化的特征：在办学主体上，不仅有传统的公立师范学校，即州立师范学校，也有私立师范学校；在培养对象上，既有面向初等学校教师培养的初级课程，也有为培养高中教师设置的高级课程；在学习时间上，从最初的一年学制发展到了 2～3 年，有些高级课程还要求完成四年的学习；在学制安排上，师范学校也呈现了极大的灵活性。例如，初等教育起点的师范生需完成四年学习方可执教高中，而如果师范生是高中毕业起点的，那么只需单独完成四年高级课程中最后一年的学习就可毕业。

尽管师范学校之间差异很大，但是在基本课程设置方面具有较高的一致性。首先，经过几十年的发展，师范学校在学科课程的要求上已经不再仅仅面向初等学校的教学，而是包括了很多专门的科目，如文法、正音和阅读、写作、拼写、书法、文学、美国历史、公民、欧洲历史，此外还有在经济学和社会学方面的选修课、建筑学、代数、平面几何、立体几何、地相学或是物理学、植物学、化学或是动物学。师范学校的教育学课程通常包括教育史和教学法，随着心理学的发展，教育心理学也在师范学校的课程中占据了较大的比例。当然，师范学校最具特色的教师培养环节还在于它为学生提供的教学实习环节。纽约州立法委员会 1870 年对州师范学校的评估报告称："通常一天教学活动结束时，实习教师就会和听课的师范学校教师碰面，探讨当天教学活动的得失。"②

19 世纪末到 20 世纪初，美国师范学校开始了升格运动，③ 师范学校数量大幅减少。1900 年，师范学校的数量已经从最鼎盛时期的 170 多所减少到 127 所，但在校生人数增加到了 47000 人。1920 年，师范学校减少到 69 所，

---

① Lucas，C. J. (1997). *Teacher education in America：reform agendas for the twenty-first century*. New York：St. Martin's Press.

② Fraser，J. W. (2007). *Preparing America's teachers：a history*. New York：Teachers College Press.

③ 周钧，朱旭东. 美国教师教育大学化形成的路径研究[J]. 高等教育研究，2005，26(12)：57-68.

到 1933 年，全国已经剩下不到 50 所公立师范学校了。① 促成师范学校升格的原因有很多，但最主要的原因是高中的普及和对高中教师的巨大需求。1930年，美国高中入学人数已经占到了当时全国适龄人口的一半，达到 40 万人，是 1890 年的 20 倍还要多，但同时初等学校的入学人口则仅仅比 1890 年增加了不到一倍。② 一方面，高中教育的发展使传统上负责培养高中教师的大学所培养的教师数量远远不能满足需要；另一方面，高中教育的发展也给师范学校的发展带来了新的契机，师范学校招收学生的范围也从初等学校的毕业生扩大到中学毕业生。在此背景下，美国的师范学校逐渐升格为教师学院（师范学院），到 1930 年，共 88 所师范学校升格为四年制师范大学。第二次世界大战之后，为了满足从战场回来的大量退伍老兵的教育需求，再加上 20 世纪六七十年代"婴儿潮"时期出生的人口到了接受高等教育的年龄，在巨大的需求面前，教师学院在短短二三十年内完成了从师范学院升格为综合性的州立大学或是大学教育学院的过程，退出了历史舞台。

二、师范学校建立与发展的历史背景及其专业教育思想传统

师范学校的建立是美国通过专门教育机构培养教师的开端。通过师范学校，美国不仅为公立学校输送了大量的教师，同时师范学校也成为美国历史上一类非常重要的中等教育机构。同时，师范学校的发展奠定了专业化的教师知识的基础，并形成了教师知识的思想传统。

1. 师范学校建立初期的宗教政治传统与专业思想的萌芽

美国师范学校创立的历史体现了辉格党新教徒的政治主张和社会思想。师范学校最初诞生于马萨诸塞州，当时麻省的辉格派州长爱德华·埃弗雷特（Edward Everett）曾在哥廷根大学学习，亲身观察过普鲁士的教育体制。1837年春，埃弗雷特要求州立法委员会成立州教育委员会来管理州教育事务。在他看来，当时麻省的地方教育体制实在是混乱不堪。③ 委员会成立之后，在主任的选择问题上，州长埃弗雷特和他的前任顾问经过慎重考虑，认为在教

---

① Lucas, C. J. (1997). *Teacher education in America: reform agendas for the twenty-first century*. New York: St. Martin's Press.

② Fraser, J. W. (2007). *Preparing America's teachers: a history*. New York: Teachers College Press.

③ Lucas, C. J. (1997). *Teacher education in America: reform agendas for the twenty-first century*. New York: St. Martin's Press.

育界找不到合适的人选，于是将目光转向了政界。最终他们决定任命同是辉格党人的贺拉斯·曼。贺拉斯·曼当时不仅在州立法会经历了 10 年的政治生涯，而且已经进入州议会，是公认的一颗政治新星，也是下任州长的有力竞争者。曼出人意料地接受了这项任命，放弃了前景光明的政治生涯，转向了教育事业。曼放弃政治生涯转向教育事业的原因我们不得而知，但是在教育主张上，无论是作为州长的埃弗雷特还是作为州最高教育官员的贺拉斯·曼，他们都希望通过公立学校运动能够实现共同语言——美国化的英语，以及共同的宗教信仰（新教基督教），并以此强化美国的国家统一。因此，辉格派提出了"系统化"的教育主张。克雷明（Lawrence A. Cremin）曾经指出，尽管曼说"系统化"意味着"理性"，而不是"一致性"，但公立学校运动确实在诸多方面强调"一致性"，包括统一教科书、统一课程、统一图书馆藏书及统一的学科教学和教学方法。①

师范学校的诞生满足了贺拉斯·曼领导的公立学校运动对大批教师的需求，同时，师范学校的诞生也是教学专业化思想的开端。从师范学校成立的背景来看，师范学校的诞生首先是政治辉格党在麻省执政措施的具体体现。辉格党成立于 1833 年到 1834 年，是美国历史上持续时间不长的一个政党，前后大约延续了 26 年，在其辉煌时期，曾经有 4 位总统出身于辉格党。"辉格党"得名源于反对君权强调国会执政的英国辉格党。在政治上，他们反对当时的总统安德鲁·杰克逊（Andrew Jackson）扩大总统权力、撤销中央银行的做法，主张议会权力；经济上，辉格党主张建立现代市场化经济，因此，对杰克逊总统撤销中央银行、主张"以传统农场生活保持共和政体生活简朴"的做法极为不满。辉格派代表的是美国中产阶级的价值观，他们主张财产的私人所有，同时又反对形成享有特权的精英阶层。在宗教派别方面，他们是清教基督教，其教义传统以加尔文教派和路德派为主。在加尔文派看来，整个尘世存在的意义就在于"上帝的荣耀"，因此基督徒的社会活动完全是为了增加上帝的荣耀。既然职业中的劳动是为了尘世生活服务的，那么毫不例外，基督徒从事职业劳动也是向上帝的奉献，是表达自己坚定信仰的一种方式。正如马克思·韦伯所说："（清教）强调固定职业的禁欲意义为近代的专业化劳动分工提供了道德依据；……它对中产阶级类型的节制有度、自我奋斗却给

---

① Cremin，L. (1980). *American education：the national experience*，1783—1876. New York：Harper & Row.

予了极高的道德评价。"马萨诸塞州在传统上属于新英格兰殖民地，属于各殖民地之间欧洲传统最为浓厚的地区之一，正是在这里打响了美国独立战争第一枪。在这样浓厚的新教传统和追求现代资本主义经济的政治取向的背景下，建立专门的师范学校以适应公立学校运动发展的要求，并且希望通过专门的教学法培训和教学实习帮助未来教师掌握从事教学工作的技能的想法不仅不会引起争议，而且非常容易获得支持。

2. 师范学校发展期的教师专业教育与教师知识的合法化

从 19 世纪末到 20 世纪初师范学校向教师学院升级直到师范学校最终升格成为综合性大学教育学院，教师专业教育呈现出了不同的特征并且反映了教师知识合法化过程中的矛盾和问题。

首先，有关教学的知识地位显著下降。从中等水平的教师教育提升为大学水平的教师教育之后，师范教育的学习年限显著增加，从 2～3 年增加到 4 年。然而，在增加的学习时间中，有关教学知识的学习时间并没有获得显著增加。据统计，在 20 世纪 20 年代，中等教育专业的学生需要完成平均 20 个教育学学分（包括教学实习），1934 年，需完成的平均学分数为 17～23 个，几乎与 10 年前持平，大量新增课时由学科知识的教学来完成。在这种情况下，从事学科教学与研究（如英语、物理、数学）的教职员工在教师学院中占据了较大比例。这些教师倾向于强调所教学科在大学中的地位和价值，因此在这个时期，有关教师教学的知识有意无意地在教师学院中受到了忽视。

此外，在师范学校向教师学院升格的过程中，由于层级制的大学体系和传统大学对人文知识和科学知识价值的推崇，使得教师学院力图以模仿大学的方式获得在大学体系中的地位，再加上 19 世纪末 20 世纪初科学主义的大行其道，因此传统上面向教学的教育专业知识逐渐让位给了对教育科学规律的探讨。探讨教育科学规律本身并没有问题，问题在于探讨教育科学规律的同时，教育在教学实践中的价值被贬低、甚至被刻意忽略了。与早期的师范学校强调教学实习甚至纷纷建立附属学校相比，在师范学校向综合性大学教育学院迈进的同时，教师培养机构与学校之间的联系被切断，教师学院的教学知识日益朝着"技术理性"的"教育科学"发展，却与鲜活的课堂教学渐行渐远。

综上所述，这一时期的教师知识合法化可以概括为以下特征：一方面，面向教学的教学法知识和教学技巧教师知识的地位被贬抑；另一方面，技术理性的、实证主义的教师知识逐渐获得青睐，成为教师学院的"官方知识"，同时，有关学科教学的人文和科学学科知识的地位和重要性得到了显著加强。

三、师范学校演进中教师知识实现合法化的方式

在师范学校升格的过程中，由于早期的专业教育思想和课程的影响，教师知识的合法化表现为：第一，对学科知识进行专业化处理，也就是告诉学生"如何教"；第二，发展出了大量的教学方法知识。①

首先，早期的教师教育者相信，教师所具有的学科知识与学生是不同的，教师必须了解以什么样的方式组织和教授学科知识能够帮助学生完成学习。具体做法包括：在有关心理学与教学的专业课程教学中，以教学原则为结构组织学科教学知识；在教学方法的教学中，要求学生反思自己作为学生学习某一个学科时的经验，以此方式帮助未来的教师站在学生的立场上去思考学科知识，思考在将来的教学中可能会遇到的困难。这种将教学方法与具体教学内容结合起来的尝试后来逐渐发展成为舒尔曼所提出的学科教学法知识。

舒尔曼认为，教师知识是指"一系列编码的和可编码的知识、技能、理解、技术、伦理和品性、集体责任的集合，以及表述和交流上述集合的途径"。在此基础上，他将教师知识分为七个大类：内容知识、一般教学法知识、课程知识、学科教学法知识、对学习者及其特点的知识、关于教育环境的知识关于教育结果、目标和价值的知识，并且认为，在这七类知识当中，学科教学法知识是核心。② 舒尔曼还指出，教师知识的主要来源有四个，即学科内容、教材及其结构、教育研究和实践智慧。③

舒尔曼曾反复强调，对学科教学知识的研究其实是为了恢复美国"教育界丢失的传统"。④ 从师范学校建立之初，教育学或者说面向教学的教学法知识就始终是师范学校的课程特色之一。1907 年度的全美教育协会(National Edu-

---

① Feiman-Nemser, S., Houston, W. R., Haberman, M. & Sikula, J. (1990). Teacher preparation: structural and conceptual alternatives. In *Handbook of research on teacher education: a project of the Association of Teacher Educators* (pp. 212-233). New York: Macmillan Publishing Company.

② Shulman, L. S. (1987). Knowledge and teaching: foundations of the new reform. *Harvard Educational Review*, 37(1), 1-22.

③ Ibid.

④ Shulman, L. S. (1986). Those who understand: knowledge growth in teaching. *Educational Research*, 15(2), 4-14.

cation Association)重点讨论了教师教育的内容问题，特别是中等教育师资的培养问题。在这次会议上，有些研究者针对教师教育的内容问题进行了激烈的辩论。一部分与会者主张师范学校担负起中等教育师资培养任务的研究者搬出了 1888 年全国教育协会师范学校部（National Education Association Department of Normal Schools）主任帕尔（Samuel Parr）的主张，提出："有关教学过程的分析表明，每门学科中都有一部分属于教学的特定的知识，在目的、与事物的联系及习得渠道上，这部分知识与学术知识都是极其不同的。学术知识的编排是按照自身的逻辑关系进行的，而这部分特定的知识是按照学习者的思维方式编排的。"① 有学者指出，正是帕尔在教师教育领域奠定了学科知识研究的基础。② 在这次会议上，波士顿学校督学对进入中等教育领域的大学毕业生大加鞭笞，指出他们在实际教学工作中遇到了很多的麻烦，不会管理课堂、不能理解学生的需要。督学认为，大学对学生的培养是使学生按照学科本身的逻辑掌握学科知识本身，而教学的要求是把学科知识进行适当的变换成为培养学生思维的工具。因此，教师学习学科知识的目的是要把学科知识作为儿童发展机制，这是其职业的要求，与普通大学培养毕业生是完全不同的。③

然而，1907 年全美教育协会会议上有关教师教育内容的讨论并没有体现到实际的教师教育当中去。有关以学术知识培养教师还是通过教育学知识培养教师的争论也一直没有停息。但是把学科知识从教育学的角度进行"专业化"的改造工作却始终处于停滞状态，最终成为美国教师教育的"遗忘的传统"。主要原因就在于，师范学校在升格过程中试图通过以传统学科的方式获得其进入高等教育领域的通行证，却忽视了师范学校的诞生本身就是以专业培养为目标，为未来教育做准备的。

在后来的岁月当中，学科教学知识渐渐地被遗忘了。尽管期间也有极少数的学者或教师教育者曾经提及这个问题，然而零星的、微弱的声音也都湮没在了历史的大潮当中。直到 1986 年，舒尔曼又再次提出学科教学知识的问

---

① Parr，S. (1888). The reorganization of the teaching profession. In *National Education Association Journal of Proceedings and Addresses* (pp. 362-375).

② Bullough，R. V. J. (2001). Pedagogical content knowledge circa 1907 and 1987: a study in the history of an idea. *Teaching and Teacher Education*，(17)，655-666.

③ Brooks，S. D. (1907). Preparation of high school teachers. In *National Education Association Journal of Proceedings and Addresses* (pp. 547-551).

题，并且尝试着将实践知识同学科教学知识结合起来。然而，舒尔曼及其后来的追随者也遇到了很多困难。比如，舒尔曼曾经提出，教师的学科教学知识同时具有正式知识和实践知识的特征。然而在教师教育实践当中，把以"命题"知识形式出现的正式知识作为教师教育课程，而把属于实践知识的部分完全抛开的做法并没有得到改观。而且在这一轮关于教师学科教学知识的讨论中，有学者从课程社会学的研究角度提出，进入到学校课程的学科知识本身就是经过选择的、具有"教育学意义"的知识，因此学科知识本身具有教育性。教师不仅要从教育学的角度思考如何帮助学生获得知识，同时教师还应把学科知识本身所具有的教育内涵呈现给学生。也就是说，教师不仅要向学生解释"知识是什么"，还要向学生说明"这些知识是如何组织的"及"这些知识是谁的"[1]。

有学者通过对新教师的实习进行研究之后提出，让学科教学知识以教学指导的形式出现在教师教育课程中，也许是将其具有的正式知识的特性和实践知识的特性连接起来的最好方式。[2] 还有学者指出，学科教学知识的教学层面应该具备一种机制，通过这种机制，教师不仅能够批判性地看待课程和教材，向学生讲述学校课程所选取的材料背后所隐含的价值取向（如文本本身是否是主流阶层价值的代表），还要通过这种机制帮助教师观察和思考学校课程的教育影响，观察学生的能力、学习欲望和存在方式是否受到了影响。[3]也就是说，通过教学实习环节将正式知识和实践知识连接起来，通过批判教育学的训练使教师知识的范畴包含社会和文化因素，从而使教师知识的合法性不仅仅体现为教师教育的具体学科，而是以整体性的、具备关怀的和伦理的形式成为现代知识家族中的一员。也许这些尝试向我们指明了教师知识通向合法化的新的途径。

在师范学校升格为教育学院的过程中，教师知识实现合法化的第二种方式，即发展教学法知识同教育学科学化的过程有密切的联系。教育学科学化

---

① Segall, A. (2004). Revisiting pedagogical content knowledge: the pedagogy of content/the content of pedagogy. *Teaching and Teacher Education*, (20), 489-504.

② Jones, M. G., & Vesilind, E. M. (1996). Putting Practice into Theory: changes in the organization of preservice teachers' pedagogical knowledge. *American Educational Research Journal*, 33(1), 91-117.

③ Segall, A. (2004). Revisiting pedagogical content knowledge: the pedagogy of content/the content of pedagogy. *Teaching and Teacher Education*, (20), 489-504.

的探讨也是综合性大学设立教育学院的过程中教师知识实现合法化的重要方式。有关内容将在下一节中一并讨论。

第三节　从大学建立教育学院看教师知识的合法化

一、大学建立教育学院的历史进程

从环境背景看，从大学的教育学讲座或教席到教育学院的大学化路径及综合性大学建立教育学院的路径都是在大学制度背景下完成的。不同之处在于，教育学讲座或教席发展为教育学院的路径更多地体现了教育学科和大学水平的教师培养的发展历程，而综合性大学建立教育学院的尝试更多的是借鉴了其他研究生水平专业教育的经验的产物。因此，为便于分析，本研究将上述两种大学化路径统称为大学建立教育学院的路径。

在大学层面开展教师培养的设想事实上早在公立学校运动时期就已经出现了。伴随着公立学校的发展，除提出建立师范学校解决公立学校的师资问题之外，通过大学培养师资也被作为一项措施提出，并且在某些州实施。然而，长期地、通过大学培养教师的做法在南北战争之前并没有真正建立起来。① 较早尝试通过大学培养教师的是宾夕法尼亚州，该州提出，对新成立的教师培养项目提供资助。1831 年，华盛顿学院成为首批接受资助的学院之一，条件就是每年在初等教育科培养 20 名能够胜任公立学校英语教学的教师。② 还有些学校提供一到两门教育课程，如康涅狄格州卫斯里安大学（Wesleyan University）在 1840 年曾经短期地开设过师范系。1853 年，贺拉斯·曼担任安提俄克学院（Antioch College）院长期间，主持开设了"教授法（didactics）"课程。

通常认为，1879 年密歇根州立大学任命威廉·H. 佩恩为专职教育学教授被视为美国大学首次任命教育学教席。在任命佩恩为"教育的科学和艺术"教授的同时，密歇根州立大学提出了设立教育学教席的宗旨：（1）为公立学校

---

① Fraser，J. W.（2007）. *Preparing America's teachers：a history*. New York：Teachers College Press.

② Jones，M. G. & Vesilind，E. M.（1996）. Putting Practice into Theory：changes in the organization of preservice teachers' pedagogical knowledge. *American Educational Research Journal*，33(1)，91-117.

系统培养高层次人才；（2）推动教育科学研究；（3）教授教育史、教育制度史和教育学说；（4）维护教育专业的权力，促进教育专业的发展；（5）加强中等学校和大学的联系，构建连贯的州教育体系。① 1907 年密歇根州立大学教育科学与艺术系更名为教育系，1921 年正式更名为教育学院。

密歇根州立大学建立教育学教席之后，教育学教席分别在威斯康星大学（1885）、印第安纳大学（1886）和康奈尔大学（1887）建立起来。此外，1883 年，约翰斯·霍普金斯大学开始开展教育学方面的研究。在密歇根大学建立教席之后的十年间，主要大学都以建立教席的方式或是成立教育系的方式开设了教育课程。其中，1891 年正式开学的斯坦福大学成立了历史与教育艺术系，1894 年，杜威在芝加哥大学建立了教育系。

另外一类通过大学建立教育学院的方式出现在爱荷华大学。爱荷华大学成立于 1856 年，在成立之时爱荷华大学便包括一所师范学校。除此之外爱荷华大学的师范学校与其他师范学校在课程和功能方面别无二致，培养目标都是具有相当于中等教育水平的教师。1867 年，爱荷华大学师范学校被升格为师范系，增加了新的课程，并且培养教授法学士。

比较特殊的情况还有哥伦比亚大学教师学院。1887 年，纽约教师培训学院（New York College for Teacher Training）成立，1889 年，经过特许，纽约教师培训学院成为一所专门的职业学校，并且可以授予教育学学士、硕士和博士学位。1892 年，学院改名为教师学院，后来与哥伦比亚大学合并。

将教育作为同法律、医学相类似的专业开展研究生层次的专业教育的尝试始于 1890 年。当时的纽约城市大学即现在的纽约大学建立了教育学院，专门开展研究生层次的教师教育，并且能够授予教育学硕士和博士学位。建立研究生层次的教育学院对教师进行专门的培养在教师教育史上具有重大的意义。在此之后，教育就同法律和医学一样，努力通过明确教育的职业状况，确定专门的教师知识基础为未来的教师提供必要的准备。

大学教育系或是教席通常将自己的任务定位于为发展教育科学，发展有关教育学科的系统方法，从而使不同类型的学校和学院能够更好地组织教学。因此，此时大学的教育知识通常被看做是哲学的分支，并且常常与当时新兴的学科建立联系，形成新的学科分支。如杜威在芝加哥大学所创立的教育系

① Fraser，J. W.（2007）. *Preparing America's teachers：a history*. New York：Teachers College Press.

全称即为哲学、心理学和教育系（Department of Philosophy，Psychology and Pedagogy）。在课程方面，教育学院的课程一般包括教育原理、教育艺术与心理学、教育史，以及学科专业课程和普通文科课程。然而，大学建立教育学院的路径在知识传统上却表现出了背离的特征：一方面，大学建立教育学院的初衷也是培养教师，因此大学的教师教育课程中也包含了面向教学实践和课程教学的课程；另一方面，由于受到大学人文教育的影响，加上大学教育系或是早期设立的教席大都包含在人文学院或是哲学院系当中，大学的教育学研究呈现出了脱离教学实践、走向学院课程的倾向。

二、学术传统与专业教育传统中的教师知识合法化

受殖民地时期大学的影响，在师范学校如雨后春笋般纷纷建立时，当时的大学仍然倾向于学术性和人文性知识的传播。直到 1860 年赠地法案颁布之后，新型的农业和技术学院才逐渐开始建立。因此，随着各类教育机构特别是中等教育机构的迅速发展，大学感到，有必要增加与中等教育相对应的课程，以确保大学能够成为中学教育的知识源泉。在这种情况下，由于师范学校的发展，由大学为这种新兴的教育形式提供必要的知识支持也就提上了日程。

教育学院对于大学来说还具有其他重要功能。首先，很多大学特别是州立大学都是刚刚成立不久就创建了教育系或是教育学教席，其目的在于将教育学院当做是大学为公众服务的窗口，借此改善大学与公众的关系。受到殖民地时期大学教育思想的影响，当时美国公众对于大学的认识仍然局限于大学的人文和科学传统，局限在大学是知识的圣殿，因此对于州立大学的纷纷涌现普遍持怀疑态度。此时，通过设立教育学系或是教育教席，大学得以向公众展示大学同社会生活的关系，消除社会对州立大学的怀疑和否定。其次，大学通过教育学院吸引生源，特别是女性生源。此后，随着高中教育的发展对中学师资的大量需求，大学教育学院也主动将目标定位于培养中等教育师资上，并以此将自己与培养初等教育师资的师范学校区别开来。

然而，对于有着悠久历史和浓厚文理知识传统的大学来说，设立教育学院的过程则显得艰难得多。首先，如前文所述，教师知识的合法性地位并没有真正确立起来，特别是师范学校的教学方法式的、强调在教学实践中去应用的教师知识很难被以"研究高深"学问为荣的综合性大学所接受。因此，在综合性大学设立教育学院的过程中，教师知识就不得不通过冲突和妥协的策略得以进入大学的庙堂。

1. 冲突中的教师知识合法化

尽管大学教育学院从最初设立，就是希望为教师知识找到适宜的"智力基础"，并将教育学知识同哲学和其他人文学科联系在一起，但是大学教育学院培养中学师资的专业目标与传统大学的学术取向之间存在一定的冲突，因此大学教育学院特别是在人文和科学传统底蕴深厚的大学中得到认可就极为困难。相应的，教师知识走入传统知识殿堂的路途也就显得极为不同寻常。教师学院合并入哥伦比亚大学的过程就体现了教师知识在冲突中完成合法化的过程。

哥伦比亚大学教师学院的成立就充分体现了上述特点。1864 年，时任哥伦比亚大学校长的弗里德里克·A. P. 巴纳德（Frederick A. P. Barnard）向校董会提出，进行教育艺术和原理的教学应该是大学的任务。然而，1882 年，哥大校董会否决了巴纳德的提议。巴纳德于是找到了自己的博士研究生尼古拉斯·穆瑞·巴特勒（Nicholas Murray Butler）。巴特勒出生在新泽西，是当地教育局局长的儿子。受家庭影响，凭着对教育的热爱，1884 年，巴特勒获得博士学位之后，又到当时欧洲教育研究的中心柏林和巴黎学习，1885 年返回美国后担任哥伦比亚大学副教授，讲授哲学。在教授哲学的同时，巴特勒还在周末开设关于教育学的讲座。讲座极受欢迎，场场爆满。据说尽管讲座都是在哥伦比亚大学最大的礼堂进行，仍然座无虚席。有一次由于无法容纳更多听众，结果单单被挡在礼堂外的听众就多达 1500 人。① 即便这样，哥伦比亚大学的校董会仍然没有同意设立教育学院的提案。

1887 年巴特勒担任了纽约教师培训学院的院长，在他的设计之下，纽约教师培训学院的两年制课程包括：心理学、教育科学的历史、教学法，在师范学校听课和实习，美国、法国和德国的学校组织与管理，幼儿园的理论与实践，自然科学，历史，以及专业技术训练，如工业艺术、机械绘图和木器制作等。② 巴特勒将教师学院定位为专业培养机构，而不是师范学校。③ 巴特

---

① Fraser, J. W.（2007）. *Preparing America's teachers：a history*. New York：Teachers College Press.

② 纽约教师培训学院首先隶属于工业教育协会（Industrial Education Association），因此在早期的课程中包含了一些技术工人培训的课程。巴特勒任协会主席之后，明确提出纽约教师培训学院应该增加教师教育的课程，但是培养技术工人的目标仍然保留。后来工业教育协会被吸收到了教师学院中，有关技术工人的培养的课程也就慢慢消失了。

③ Cremin, A. L. & Townsend, M. E.（1954）. *A history of Teachers College Columbia University*. New York：Columbia University Press.

勒在担任教师培训学院院长期间，又一次向哥伦比亚大学校董会提出了将学院并入哥伦比亚大学的提案。然而，这次哥伦比亚大学校董会仍然拒绝了该项提案，并且认为"教育专业进入哥伦比亚大学将会使女生进入哥伦比亚大学，这与哥伦比亚大学的原则是完全相悖的。"1891年巴特勒从教师学院辞职，担任哥伦比亚大学哲学系主任，由詹姆斯·E. 拉塞尔（James E. Russell）接任学院院长。1892年，纽约教师培训学院正式改名为教师学院。1893年，拉塞尔和教师学院的董事会向哥伦比亚大学董事会再次提出合并的问题。教师学院校董会提出，教师学院作为研究生院并入哥伦比亚大学，教师学院校董会继续负责学院的日常工作，并且哥伦比亚大学无须支付任何费用。满五年之后，教师学院所购置的土地、新落成的校舍以及一切财产全部归哥伦比亚大学所有，无须支付任何经济补偿。

面对如此优厚的条件，哥伦比亚大学校董会再次拒绝了提案，并给出了两点理由："第一，哥伦比亚大学正在由学院向综合性大学迈进，接收教师学院将使哥伦比亚大学的发展'偏离正常的轨道'；第二，接受教师学院意味着哥伦比亚大学将成为一所同时招收男女学生的大学，这对大学是不适宜的。"①不过幸运的是，尽管哥伦比亚大学校董会拒绝了合并的提议，但是他们却提出了一种两校建立联盟的形式，这样哥伦比亚大学将会有进行教育学教学的机构，而教师学院将获得较好的学术支持和声望，大学的教学、图书馆和校园文化也将使教师学院获益。1893年，教师学院校董会和哥伦比亚大学校董会终于达成了建立联盟的协议。协议的主要内容包括：第一，教师学院授予的所有学位，包括学士、硕士和博士学位必须由哥伦比亚大学哲学系管理；第二，教师学院将保留独立的组织并单独管理所有教师学院的非学位课程；第三，必须由哥伦比亚大学授予学生学位；第四，哥伦比亚大学每年至少为教师学院提供一门历史和教育制度方面的课程，一门哲学课程和一门心理学和伦理学课程；第五，经哥伦比亚大学校长批准，在最后一年指导学生获得学士学位的教师学院的教授和院长在哥伦比亚大学哲学系进行有关教师学院的提案和投票时，可以拥有席位和投票权；第六，教师学院的女生需

---

① Cremin，A. L. & Townsend，M. E. (1954). *A history of Teachers College Columbia University*. New York：Columbia University Press.

在巴纳德学院①注册方可取得哥伦比亚大学学位，男生也照此办理。② 此后，教师学院与哥伦比亚大学的联盟关系又得到了巩固和加强。

从教师学院并入到哥伦比亚大学的曲折历程中可以看到，教师的培养走入传统的学术性的、仅招收男生的大学的过程中，不仅是教师知识的地位不被认可，女性身份的标签也使得这类知识难以获得传统知识结构的接纳。哥伦比亚大学校董会拒绝合并的理由至少可以说明下列两个问题。第一，在哥伦比亚大学的校董会看来，综合性大学是不应该包含"专业学院"的，专业教育的知识不应进入到综合性大学当中来。但令人费解的是，早在 1858 年，当时仍为哥伦比亚学院的哥伦比亚大学就已经设立了法学院。因此也可以看出，教师知识的地位不仅远远低于传统的人文和科学知识，在专业知识的序列中，教师知识也处于最底层。第二，哥伦比亚大学校董会传达出来的信息是，适宜女性的高等教育最多到"学院（college）"，"大学（university）"教育是不适宜女性的。而教师是一个女性的职业，教师知识是"女性"的知识，也就更没有机会在古老的以追求"高深"学问为己任的大学中获得与其他知识分庭抗礼的机会。

其实，早在师范学校建立之初，美国教师职业的女性化就已经开始了，尽管在教师开始成为一项职业的时候，从事这项工作的主要是男性。当时人们认为女性天生性情温柔、道德修养深厚，适合在学校给予儿童最好的照顾并且传递美国的道德观念，特别是在刚刚开发的中西部地区，更需要女性去传递美国的宗教和道德伦理。公立学校运动和师范教育的领导人贺拉斯·曼曾经在 1846 年写道："理性和经验都表明，对 10 岁或 12 岁以下儿童的教育来说，女性教师比男性教师更亲切，也更成功。"③到教师学院寻求与哥伦比亚大学合并时，女性教师在美国中小学校中的比例已经超过 60％，如 1889 年，女性教师的比例占到了 65.5％。照此数字看来，教师学院既然明确提出了培养教师的目标，可以推想教师学院的学生中女生将占很大比例。联想到

---

① 巴纳德学院（Barnard College）为著名的文理学院，只招收女生，同哥大也属于联盟性质，但独立程度比教师学院要高。

② Cremin，A. L. & Townsend，M. E. (1954). *A history of Teachers College Columbia University*. New York：Columbia University Press.

③ Spring，J. (2006). *American education* (13th ed.). New York：McGraw-Hill Companies，Inc.

哥伦比亚大学在建校 200 多年以后才首次开始正式招收女生，① 可以想见，哥伦比亚大学拒绝合并的提议包含着双重的否定：第一，大学是不适合女性的；第二，以女性为主的教师行业，其所具备的专业知识是不足以进入到大学当中的。因此，可以说在性别和知识地位的冲突中，教师知识得以进入综合性大学，成为被现代大学所许可的"知识"。

2. 妥协中的教师知识合法化

如果说教师学院并入哥伦比亚大学的历程代表了教师知识在冲突中获得综合大学认可的合法性地位，那么哈佛大学教育学课程和哈佛教育研究生院的建立则体现了斗争中的妥协。

哈佛大学所在的马萨诸塞州是美国师范学校的发源地，同时师范教育的专业特征在麻省的师范学校中也得到了充分地体现。因此，在各个大学纷纷建立教育系和教育教席的热潮中，当时的哈佛大学校长埃里奥特（Charles William Eliot）明确反对在哈佛大学引入职业培训性质的学科或成立相关的学院。

但是伴随着高中教育的发展，如何培养高中师资也就成为当时麻省教育当局和高中校长共同关注的问题。时任麻省州教育委员会主任的约翰·迪金森（John W. Dickinson）提出了由师范学校参与高中师资培养的建议。迪金森的建议同麻省当时师范学校的发展具有密切关系：早在 19 世纪 80 年代，麻省的师范学校已经成为比较有影响力的教育系统。很多师范学校的毕业生由课堂教学工作逐渐走上了其他与教育相关的"更有影响力"的岗位，如教育期刊的编辑工作、师范学校的教学工作或是教育行政管理工作等。迪金森本人也曾担任威斯特菲尔德（Westfield）师范学校的校长。② 迪金森还认为，教学的原则是通用的，高中教学所需的专业训练与初等学校教学所需的专业训练是一致的。最理想的状态就是所有的教师都要接受有关儿童和青少年教育的专业训练。

然而，有一批新建高中的校长不同意迪金森的建议。他们认为，高中是大学博雅教育的起点，因此对这些校长来说，招收具有大学教育水平的教师更适合高中教学的特点。但是问题在于，当时的高中根本不能吸引大学毕业

---

① 哥伦比亚大学自 1756 年建校之后，直到 1983 年才正式招收本科女生。

② Powell, A. G. (1980). *The uncertain profession: Harward and the search for educational authority*. Cambridge, MA, USA: Harward University Press.

生前来任教，即便有前来任教的大学毕业生，也不过是把这份工作当成一块跳板而已。对于教学工作不能吸引大学毕业生的原因高中校长们也进行了分析。但有趣的是，他们不是把教学工作和其他更有吸引力的工作进行直接的比较，也没有想方设法消除高中教学工作中那些"不够职业"的特征，而是认为，如果对这项工作进行专门的培训就会增加教学的专业性。[①] 从上述分析中我们可以看出，无论是当时的高中校长还是作为教育行政官员的迪金森，尽管在应该如何培养高中师资有着较大的分歧，但是他们在高中教师需要接受特定的、专门为他们准备的培养课程方面事实上态度是一致的。

在双方争执不下的情况下，埃里奥特的态度却发生了转变，他决定支持在哈佛大学设立师范教育课程的主张。今天的研究者认为，埃里奥特态度的转变并不是由于他对教师教育的看法发生了变化，而是由于埃里奥特不希望师范教育成为迪金森连任教育委员会主任的筹码。在他看来，与其在师范学校中增加培养中学教师的课程和项目，让迪金森在竞争中多一个筹码，不如干脆在哈佛设立师范教育的课程。这样一来，迪金森不仅无法控制这类面向中学教师培养的师范课程，还能够使哈佛赢得支持中等教育的美名，为高中教育施加更多的影响力。[②] 1890 年，埃里奥特要求哈佛的教师考虑"设立为期一年的师范课程来满足 1889—1890 年州法院立法的要求。"[③]可以说，作为一个权宜之计，甚至是政治筹码，教师知识才在古老的哈佛获得了一片栖身之地。从这个角度看，教师知识的合法化过程中也包含着古老的研究型大学的妥协。只不过这种妥协并不是向教师知识的妥协，而是向知识之外的其他因素妥协，教师教育和教师知识只是妥协中的筹码而已。

3. 教育科学化的探索与教师知识合法化

建立专业的教育学院，将教师培养的水平提高到研究生层次，希望借此增强教师的专业地位，使之成为同法学院、医学院具有相似地位的专业培养基地，是大学建立研究生水平的教育学院的初衷。为达到这个目标，找到足以被确定为"专业基础"的教师知识，大学教育学院进行了大量的努力，希望实现"教育学的科学化"。

---

①　Cremin，A. L. & Townsend，M. E. (1954). *A history of Teachers College Columbia University*. New York：Columbia University Press.

②　Ibid.

③　Ibid.

对教育学进行科学化的探索始于桑代克。以实验心理学为基础,桑代克对教师能够直接应用的心理学非常热衷,他把学习过程定义为接受刺激和反应的能力或学习的能力,强调个体先天差异。桑代克还是控制实验和精确测量的坚定的拥护者,他对自然环境中的观察不感兴趣,而是强调"直接实验",因此桑代克曾经建议他的学生们除了在学校做实验或测试外,不要在学校里浪费时间。① 桑代克认为,有关教育的一切(包括智力、行为变化、甚至教育目的)都可以进行精确的测量,然后作为指导教学的依据。比如,桑代克提出,如果要考察词语与拼写进步的关系,就应该测量经过一段学习之后,词汇本身能否让学生感到愉快与学生的拼写进步之间是否具有统计学上的关联。

桑代克追求教育科学化的另一个后果就是他把从事教育学研究和教育管理的工作同一线的教师教学工作分开,并且认为学校的教学应该由教育管理人员确定,教育管理人员应该充分明确教学的各个步骤,甚至具体到教学环节的设计和课堂教学计划的实施,然后教给教师去执行。不仅如此,桑代克还认为,由于女性的能力和智慧的限制,她们无力承担教育管理与研究工作,因此只需作为教师去执行教育管理人员的计划和命令就可以了,而真正的教育研究和管理工作,则应该交给男人去做。

从教育科学化的尝试中可以看出,首先,教师知识被拦腰斩断,分成了有关教学的知识和教育管理的知识,对教师来说,只需掌握如何执行教育管理人员指令的一般教学技巧即可,而无须深入了解教育理论及其发展。而在师范学校向教育学院的升格过程中,无论是教学技巧还是有关教育管理(特别是以教学管理为主)的知识都是以教师的知识基础出现的。而且,这样刻意区分的结果,就是"较高级"的教育研究和教育管理的知识在教育学院获得了合法的地位,而关于教学实践的知识尽管此时已经进入教育学院当中,但是却被认为是次等的、可有可无的知识。其次,教育科学化的尝试还把有关教育理论的知识和应用的知识进行了区分,使教师知识分化成了教育学院从事教育研究的专家、学者"通过研究获得"的教师知识和教师个体"通过学习习得"的教师知识。这样的结果一方面使得从事教育研究的人(生产教育理论的人)不必直接面对一线教学,而从事教学的人也将毫无可能进行研究活动,从而使教师知识的合法化表现为分化的趋势,即通过研究获得的教师知识及研究

---

① Lagemann, E. C. (2000). *An elusive science: the troubling history of education research*. Chicago, USA: The University of Chicago Press.

过程本身是合法的，因此需要教师通过职前和职后培训去学习；而教师除了习得的命题式的知识之外，其他任何形式、来自任何来源的知识都登不得大雅之堂，都不能被称为"知识"，而不过是"教学经验"而已。

可悲的是，在追求教育学科学化的过程中，教师知识通过一种"偏离"的方式获得了合法化：也就是越是号称远离教学的知识，就越能够在大学的象牙塔中获得栖身之地。结果导致以进行专业培养为目标的教育研究生院并没有成为培养一线教师的主力军，而是成为了教师获得职业上的"升迁"的途径。越是接受过专业教育研究生院培养的学生，越可能获得教育行政岗位、教育科研岗位和其他与教育相关的行业的职位，如教育出版等，而与教师渐行渐远。虽然从本质上，教育的行政管理人员、教育研究人员也都属于教师的范畴，但是这样的分化使得教师知识的合法化变成了一种不完全的合法化，反而削弱了教育学院在大学中的地位。

本章小结

伴随着大学教育学院的成立，教师教育在美国正式实现了大学化，即所有教师培养均在高等教育层次进行，教育学院成为大学中培养教师的主要场所。与之相伴的是不断提升的教师学历水平。统计数据显示，2008年，全美公立中小学教师队伍中，拥有硕士以上学位教师占全部教师的44.5%，其中，小学教师拥有硕士以上学位的人数占43.9%，中学教师拥有硕士以上学位的人数占45.2%。[①] 然而，尽管如莱文报告所显示的，教育学院所培养和授予学位的人数在美国高等教育体系中占据了相当的份额，教育学知识本身的合法性却并未得到确认。

首先，由于师范学院升格过程中"抢占教师劳动力培养"市场的需要，教育学知识分化成为了作为研究领域和培养"精英"教育管理人员的教育学与培养教师的教育学。教育学知识本身被割裂，研究型大学教育学院与一般的州立大学教育学院开始承担不同的任务。研究型大学教育学院肩负起了发展"教育学术"的重任，引领了教育学的科学化及教育学的社会学化的热潮，在一定

---

① Snyder，T. D. & Dillow，S. A. (2011). *Digest of Education Statistics* 2010 (*NCES*2011—015). Washington D. C.：National Center for Education Statistics，Institute of Education Science，U. S. Depatment of Education.

程度上使教育学得到了来自社会学、心理学、历史和哲学的学术传统滋养。但是另一方面，师范学校升格为大学之后，教师培养形成了学科培养在各个院系，教育学课程、实习等在教育学院的学科制度，由于大学的学科等级中，理论优于实践，学术优于职业，导致了教育学院的低地位。① 师范院校升格的过程同时也是美国公立学校体系得到极大发展的历史阶段，面对大量来自公立学校的教师岗位需求，大多由师范学校升格而来的州立大学教育学院既缺乏在大学中与其他学科争夺学术自由的基础，又无法凭借教师的职业吸引力来吸引充足的优质生源报考，在此情况下，不得不通过降低录取标准来获得必要的生源，结果教育学知识被贬低，教师培养的专业性被忽视，教育学知识在教师培养的过程中没有获得完全的合法地位。

其次，关于专业的知识基础，早在 19 世纪就有不同的观点出现。最为突出的以纽曼为代表的"通识知识"论传统。这一传统沿袭亚里士多德对正式知识的认识，认为个人丰富的通识知识足以使其胜任专业工作。这一取向后来事实上成为以学科知识为核心培养教师这一思想的基本源泉。然而，随着有关专业认识论的发展，富隆(John Furlong)指出，有关教师专业知识基础的认识论传统应该包含四个方面，即：个人的通识知识；结合了心理学、社会学等其他学科研究而形成的教育领域的命题知识；实践知识；道德知识②。现代大学教育学院不仅在通识知识和命题知识方面饱受批评和质疑，对于教师的实践知识捉襟见肘，而在教学专业的道德知识方面几乎是空白，教育学知识本身的内涵和表现形式都受到了极大的怀疑，其合法性自然大打折扣。如果从阿尔伯特关于抽象知识强化专业合法性的观点来看，教育学知识本身的抽象程度显然不及其他社会学科，而其实践性的一面则既为大学所指摘，也因自身忽视而抛弃了。

---

① Labaree, D. (2008). An uneasy relationship: the history of teacher education in the university. In M. Cochran-Smith, S. Feiman-Nemser, & D. J. McIntyre (Eds.), *Handbook of Research on Teacher Education* (3rd Edition, pp. 290-306). New York: Routledge.

② Furlong, J. (2013). *Education-An anatomy of the discipline: rescuing the university project?* London and New York: Routledge.

第三章 教师教育课程与教师知识合法化

　　美国教师教育完成大学化之后，教师培养的内部治理结构发生极大变化。如前文所述，教师培养在大学内部基本上形成了学科培养在各个院系，教育学课程、实习等在教育学院的学科制度。在教育学院内部，具体承担教师培养职责的机构则是由"项目（program）"来承担的。① 相比于我国大学内部的学术治理单位"专业"，program 是指一个系列、有一定关系的课程组织。② 我国教师培养的主要学术制度仍然是沿袭实体性的"专业"概念。除了小学教育、幼儿教育、特殊教育等专业名称之外，培养中学教师的本科专业设置除少数个别专业，如"思想政治教育""体育教育"之外，绝大多数是"××文理专业（师范方向）"形式出现。③ 作为我国教师培养的主要学术制度，大学中的"专业"具有一定实体性质。"专业"背后有三大类实体存在：由同一专业学生所组成的班集体；教师组织（与专业同名的教研室）；与教师组织相连的经费、教室、实验室、仪器设备、图书资料及实习场所等。高等学校本科教学一般按专业划分和组织，学生一入学，就进入某一专业学习，并按专业分班。④ 因此，我国教师培养的学科制

---

　　① Zeichner，K. & Conklin，H. G.（2008）. Teacher education programs as sites for teacher preparation. In M. Cochran-Smith，S. Feiman-Nemser，& D. J. McIntyre（Eds.），*Handbook of Research on Teacher Education*（3rd Edition，pp. 269-289）. New York：Routledge.

　　② 卢晓东. 高等学校"专业"内涵研究[J]. 教育研究，2002(7)：47-52.

　　③ 杨跃. 从"师范专业"到"教师教育项目"：教师专业人才培养模式改造初探[J]. 教育发展研究，2015 (18)：66-72.

　　④ 卢晓东. 高等学校"专业"内涵研究[J]. 教育研究，2002(7)：47-52.

度尽管称为"专业"，但实际对应的是英文的"主修（major）"概念。

项目（program）的概念则与主修（major）不同，更接近培训计划的概念，没有对应的实体，没有单独归属的师资、教室或是实验室等，而是在同一院系的范围内，实现软硬件设施的共享。在项目内部，教师的培养则由不同类型的科目（course）构成。因此，program 在本质上更接近"curriculum"概念中强调经验的"学程"含义，指"学习者在学校帮助支持下，获得知识和理解、发展技能和转换态度、形成审美和价值观的所有正式和非正式的教育内容（经验）和过程"。以"项目"形式存在的教师培养学科制度，结合美国大学普遍实行的"学分"制度，其最大的优点是教师培养不必依附于任何文理学院，文理学院的学科知识培养与教师专业知识、技能的培养与素养养成可以实现灵活的衔接，大学教育学院也可以根据教师培养和教育研究的需要灵活设置项目。因此，在美国的教师教育体系下，教师培养项目表现出了教师教育举办者的多元主体特征。既有传统的大学教育学院设置的教师培养项目，也有非政府组织或是社会教育机构设置的教师培养项目，还有通过多方合作，在伙伴关系下设置的教师培养项目。因此，如果说大学教育学院构成了教师教育体系的机构基础，那么教师教育项目则成为现实中教师培养的制度载体。本章将重点探讨不同类型的教师教育项目中课程的设置与组织方式，从而揭示在教师培养的制度环境中，教师知识合法化的过程和特征。

第一节 实践取向的教师教育项目与教师知识的合法化

以实践为基础的教师培养模式并不是新生事物，早在 19 世纪到 20 世纪初，师范学校作为西方国家培养教师的主要教育机构就非常重视教学实践。20 世纪 30 年代美国的"科学课程设计（scientific curriculum making）"运动也提出了通过学校教学实践培养教师的观点。在某种意义上，20 世纪 90 年代后期以来兴起的教师培养模式的"实践转向"是教师培养传统的"又一次回归"①。

一、实践取向教师培养的思想基础

"实践转向"的教师培养模式突出表现在三个方面：第一个方面是延长师

---

① Zeichner，K.（2012）. The turn once again toward practice-based teacher education. *Journal of Teacher Education*，63(5)，376-382.

范生的实践学习时间，大多数基于实践的教师培养模式的师范生都是以几乎承担全职教师工作量的方式进行"教学临床实践"；第二个方面是以"实践"为核心重新设计师范生培养的理论学习和实践学习；第三个方面是强调大学与中小学密切合作，在大学的主导下，强化中小学在发展教师实践知识方面的重要作用。同时，立足于实践设计教师培养课程与教学模式也成为20世纪90年代以后美国教师教育政策的制度性要求。实践转向的核心在于，通过学习实践智慧，帮助师范生获得所需的专业知识和技能、培养教师应具备的专业情感与师德①。师范生通常是在本科获得学科方向学位后进入专门的教师培养项目，经过12～18个月大学学业课程与实践学习的过程之后完成教师教育专业学习，最后取得专业硕士学位，达到州教师资格证书要求还可同时获得初始教师资格证书。

构建以实践为基础的教师培养模式最重要的方面在于教师教育课程的重构。在当前美国承担教师培养责任的教育学院（系）或教师教育学院向专业学院发展的过程中，教师培养的课程设计主要以舍恩的"反映实践课"为依据。课程设计的基本原则在于三个方面②：第一是辨识对学生学习成果具有"高影响性"的教学实践，然后围绕"高影响性"教学实践构建教师教育课程，整合实践学习与大学教师教育课程；第二是通过驻校教师教育开展职前教师培养，强化大学与中小学的伙伴关系，不再把中小学看做是实习生"实践"大学教育知识的地方，而是将其看做是类似医学院的实习医院式的、供教师开展"临床教学实践"的场所，并在新教师入职阶段给予教师持续不断地支持；第三是转变教师培养的教学方式，改革传统的课程内容，在教育理论课程和学科教学法课程中渗透实践性。

此外，基于实践的教师培养课程还特别重视教师的社会公正观念与立场的培养，但反对以道德灌输和说教的形式培养教师的师德观念，而是强调在以实践为核心的教师教育课程中渗透社会公正观念的培养。霍林斯（Etta R. Hollins)将基于实践的教师培养课程结构归纳为图3-1。

---

① Darling-Hammond，L.(2010). Teacher education and the American future. *Journal of Teacher Education*，61(1-2)，35-47；Hollins, E. R. (2010). Teacher preparation for quality teaching. *Journal of Teacher Education*，62(4)，395-407.

② Futrell，M. H.(2010). Transforming teacher education to reform America's P-20 education system. *Journal of Teacher Education*，61(5)，432-440.

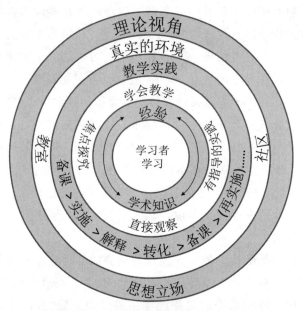

图 3-1 基于实践的教师培养课程设计结构①

二、大学教育学院中的实践取向教师培养

实践取向教师培养项目的突出代表是哈佛大学的教师培养项目。哈佛大学本科层次的教师培养包括两个要素。第一个要素是，由于哈佛大学的"教育学院"是一个只有研究生培养层次的教育研究生院，因此本科层次的师范生全部来自学科专业科系，而非教育研究生院。第二个要素是，来自学科专业科系的本科学生申请学习两个学期的教师教育课程，通过州的认证之后即可获得教师资格证书。本科层次的教师教育课程总共需要师范生在两个学期内完成 6 个必修学分的学习。师范生学习的教育学科目包括：教育理论基础（学校教育与教学原理）、心理学（H-236 青少年发展，H-382 问题儿童教育，HT-107 教育心理学，任选其一）、母语非英语学生教学（T210Z1A/B）和学科教学法四门。实习实践时间则远远超过教育学科目的学习时间。两个实践学习环节总时长达到 460 小时，其中 100 小时前实践学习环节和 360 小时完全实习环节。在 100 小时的前实践学习环节中，学生需要进行现场观察，担任指导

① Hollins，E. R.（2010）. Teacher preparation for quality teaching. *Journal of Teacher Education*，62（4），395-407.

教师的助教教师并承担其他教学任务。前实践学习环节结束之后，学生需独立完成 360 小时的教学工作。以哈佛大学的学分学时折算方法计算，四门教育学类课程的总学时约为 160 小时。①

在硕士层次的教师培养方面，哈佛教育研究生院针对不同类型教师资格证书的教师教育项目共有五个，如表 3-1 所示。

表 3-1　哈佛教育研究生院硕士层次教师资格证书项目

项目名称	招生对象	培养层次	学位类型	证书类型
课程与教学项目（Teaching and Curriculum Program）	拥有学士学位以上人员，学生或转行均可	硕士	Ed. M	初始教师资格证书
转行从教项目（MidCareer Math and Science Program）	转行人士，数学或科学学科方向，5 年以上工作经验	硕士	Ed. M	初始教师资格证书
学校管理项目（School Leadership Program）		硕士	Ed. M	麻省校长/助理校长初级证书
社会干预与咨询项目（Prevention Science and Practice Program and Certificate of Advanced Study in Counseling）		硕士	Ed. M	麻省学校指导顾问或社工初始证书
语言与读写素养项目（Language and Literacy Program）	至少一年以上语言教师从教经验，拥有语言教师初始或专业证书	硕士	Ed. M	高级教师资格证书

以课程和教学项目（Teaching and Curriculum Program）和转行从教教师教育项目（MidCareer Math and Science Program）为例，师范生的学习时间共 11

---

①　大多数哈佛教育研究生院的课程都是 4 学分课程，相当于 13 周，每周四个学时。同时哈佛也有 2 个学分的模块课程，通常在一个学期中间只上一段时间，一般为 6～7 周。这类课程通常是某一具体领域的入门性课程或是在一段时间内完成某一技能的密集训练。两个 2 学分的模块课程相当于一个 4 学分的学分课程。

个月，分为三个学期。从夏季被录取开始到秋季学期正式入学，学生上午由实习指导教师指导在"剑桥－哈佛夏季学院"①实习，下午参加哈佛教育研究生院的课程学习。学习内容主要是必修课1～5，即学科教学法入门课程、城市青少年发展课程、课堂管理、城市学校中的权力等。值得注意的是，上述教育学类课程传统上都是在大学通过课堂学习完成的，而在哈佛大学的教师培养项目中，上述教育学类课程全部移植到教学现场中完成。秋季正式开学后，师范生每周有两天时间在波士顿或剑桥郡城市学区实习，同时学习学科教学法高级课程和母语非英语学生教学法课程，参加全职实习前准备课程。到冬季学期，学生可以选择修习额外学习模块，或是观察其他城市学校，也可以继续秋季的实践学习。第二年的春季学期则供学生全职实习，学生的全职实习时间不少于675小时。

这两个硕士层次的教师培养项目均要求学生修习36学分，学分中包含九门必修课程和三门选修课程，并且选修课中至少有一门与未来所教学科有关。九门必修课分别是：学科教学法导论（根据自己未来所教学科选取1门）、城市地区青少年发展与支持研究、城市课堂中的种族与权力、实用课堂管理、多元化教育模块——特殊教育、学科教学法高级课程（根据自己未来所教领域选取1门）、中学实习前预备课程、多元化教育模块——母语非英语学生教学、中学教学实习。

哈佛大学的教师培养项目反映了教师知识合法化的两个特征：第一个特征是教师学科知识的合法性地位不可撼动。无论是本科层次的教师培养还是硕士层次的教师培养，师范生的学科知识都是摆在首要位置的；第二个特征是教学的实践知识的合法性在教师培养课程中得以确认。教学实践知识的合法性体现在两个方面。第一个方面是实践学习的时间约占师范生培养总时间的三分之二。按照本科层次教师教育项目的课程时间安排，教育学知识的学习时间为160小时，而师范生各类实践学习的总时间为460小时。第二个方面是传统意义上命题式的教育学知识被加以实践化改造，这突出地体现在硕士层次的教师培养课程当中。传统上在大学课堂中学习的教育学知识被移植到实践环节中学习，从教学实践中生成的教育学知识在教师培养课程中具备了一席之地。

---

① 剑桥－哈佛夏季学院是哈佛大学服务于其所在的剑桥郡的一个社会服务项目，主要是招收当地学校的中学生，为他们设计和开展类似夏令营一类的学习活动。

三、可选择性教师教育项目中的实践取向教师培养

可选择教师教育项目是指由传统大学教育学院以外的机构或是组织主办的教师培养项目。① 事实上，从贺拉斯·曼发起公立学校（common school）运动以后，以为公立学校培养师资为主要目标的公立师范学校才得以创建并形成美国教师培养的主要力量。但与此同时，以夏季为期4～8周的短训为主要方式的教师培养也始终在教师培养方面占有一席之地。这类教师培养的基本思想是教学是一种技艺，可以通过日复一日地教学活动反复练习而获得。因此，教师最重要的是成为学科专家，教育学知识对教师培养助益有限。这一思想发展到20世纪90年代就形成了美国声势浩大的"解制主义"教师教育思潮。"解制主义"的教师教育核心假设是只要具备一定的学科知识基础，教师可以通过实践学习学会教学。教师的培养只要在传统的文理学院学习学科课程，再加上一定的实践学习就可以实现，专门的教师培养机构并无存在的必要。随着以"大学学科学习＋短期教学实践"为基本培养方式的"解制主义"教师培养项目异军突起，"非常规聘任"成为国际社会解决师资短缺的流行做法，② "解制主义"的教师培养大行其道，甚至成为一些国家政府主动的制度和政策选择。③ 统计资料显示，截至2014年，通过可选择性教师教育项目毕业的教师已经占到美国新聘任教师的20％。

当然，解制主义教师教育思潮在美国的兴起有着更加深刻的社会和政治背景。简单来说，核心在于自20世纪80年代里根赢得选举以后，以资本全球流动为特征的经济一体化和以新保守主义和新自由主义为代表的政治意识形态成为西方国家教育政策制定的基本出发点。④ 结果在后续20多年的时间

---

① 严格说来，可选择性教师教育项目还包含传统大学教育学院开设的面向转行人员的教师教育项目。但近年来，以非传统教育学院为机构主体的可选择性教师教育项目大行其道，故本研究中的可选择性教师教育项目仅包括非大学教育学院（系）开设的教师教育项目。

② Chudgar, A. , Chandra, M. & Razzaque, A. (2014). alternative forms of teacher hiring in developing countries and its implications: a review of literature. *Teaching and Teacher Education*, (37), 150-161.

③ Mayer, D. (2014). Forty years of teacher education in Australia: 1974—2014. *Journal of Education for Teaching*, 40(5), 461-473.

④ Apple, M. (2010). Global Crises, Soical Justice, and Education. In *Global Crises, Soical Justice, and Education* (pp. 1-23). New York, London: Routledge.

里，美国历任联邦政府都制定和实施了越来越强硬的教师教育问责制度与政策。①并且，新自由主义取向的教师教育政策对市场作为资源配置手段持积极态度，使得传统的教师培养机构的教师培养被解读为"垄断"教师劳动力市场。② 也正因此，解制主义的教师培养在短短几年内得到了大力的支持，既获得了来自于保守派的财阀和基金会的支持，也获得了来自于政府政策力量的支持，甚至是来自政府的主动的制度与政策选择。因此，解制主义的教师教育项目不仅培养时间较传统教师教育项目更短，而且还获得了更多地外部支持。

"为美国而教"（Teach for America，后更名为"为全体学习者而教 Teach for All"）项目是 20 世纪 90 年代以后在美国异军突起的一个解制主义教师教育项目。该项目最初缘起于普林斯顿大学一位大三女生的想法，也就是项目创始人温蒂·库普（Windy Kopp）女士。1991 年，温蒂·库普发起了一个项目，旨在招募全美最优秀的大学生赴薄弱公立学校担任志愿教师，特别是担任严重短缺的数学和科学学科教师。志愿教师在薄弱学校服务 1～2 年后可以结束志愿工作，也可以接受学区的长期聘任。这个项目迅速得到了一批保守派基金会的支持，从而获得了大批的经济资助，并快速成长为当前美国规模和影响力最大的解制主义教师教育项目。"为美国而教"项目的教师培养严格意义上说，是邀请有经验、富有领导力的教师为志愿者提供短期培训或是短期指导，在 4～8 周的短期培训结束后，志愿教师即上岗，担任全职教师工作。

从教师知识的合法性角度分析，以哈佛大学教师培养项目为代表的大学教育学院教师培养的实践取向同可选择性教师教育项目的实践取向有着本质的不同。专业学院中实践取向的教师培养通过增加实践学习的时间与内容，对教育学的命题知识加以实践化改造而使得实践性知识在教师培养中获得了合法性地位。如哈格里夫斯所言，从知识生产的角度，教师的实践知识与教育学的命题知识具有了同样的合法性地位。教学实践场域也成了与大学共同

---

① Apple，M. (2010). Global Crises，Soical Justice，and Education. In *Global Crises，Soical Justice，and Education* (pp. 1-23). New York，London：Routledge.

② Grossman，P. (2008). Responding to our critics：from crisis to opportunity in research on teacher education. *Jounal of Teacher Education*，59(1)，10-23.

构成了生产教师知识的场所。①

　　然而在以"为美国而教"为代表的解制主义的教师培养项目中，以命题知识形式出现的教育学知识体系几乎是被完全抛弃，而代之以师范生在教学实践中逐渐积累的教学经验。从教师培养而言，以教学经验取代教育学知识体系存在着以下风险。首先，教学本身并不是价值无涉的，教学承载着文化的传承。单纯的经验累积，如果不能在一定的社会价值取向和道德取向上进行反思，教师自身的教育观、儿童观不能得到很好的淬炼，教学的经验累积并不一定带来"好的教学"。其次，表面上，解制主义的实践取向教师培养使教师通过日常教学经验获得实践知识的培养路径获得了最大的肯定，但事实上这种肯定背后却存在着巨大的悖论。可以说，教师通过教学经验的累积而获得专业技能越是成功，教师知识的合法性越是容易受到质疑，并由此造成教学专业的合法性受到更大的冲击。由于可选择性教师教育项目的实践取向事实上是假定"学科专家"等同于"教学专家"，把有关教学的知识实际上降低到了习俗化的水平，因而是对教师知识合法性的极大损害。最后，教师经验的累积是否一定能够形成教师的实践知识，特别是足以支持教学成为一个专业的实践知识仍值得怀疑。从专业认识论的角度而言，舍恩认为，专业实践所包含的要素有三个，为了专业表现而做的准备，在专业情境中的表现及不断地、反复进入特定的专业情境。在认识方式上，"专业的日常工作依赖于内隐的行动中认识（knowing-in-action）"②或者是"实践中的认识（knowing-in-action）"③。当例行重复的次数多了，实践者有可能对内隐的"实践中的认识"习以为常，不能及时根据情境的变化变通地开展自己的实践，这时实践者就需要通过"实践中的反映"去思考、反思和修正"过度学习"的状态，对情境的不确定性和独特性产生新的理解。因此，"实践"本身并不是日复一日经验的重复，

---

　　①　Hargreaves，A.(1996). Transforming knowledge：blurring the boundaries between research，policy and practice. *Educational Evaluation and Policy Analysis*，18(2)，105-122.

　　②　在舍恩的著作中"knowing-in-action"在有的译作中被译为"行动中认识"，有的译作中被译为"行动中识知"。为避免引起混乱，本文统一使用"行动中认识"。通俗地解释，舍恩用"knowing-in-action"指在行动的过程中行动者获得有关"如何做（know-how）"的原则、方法和标准的知识。两种译法各有千秋，但考虑到"认识"更符合汉语习惯，本文采用了"行动中认识"的译法。

　　③　舍恩.反映的实践者——专业工作者如何在行动中思考.夏林清译.北京：教育科学出版社，2007：40.

只有专业实践者在其中不断地反思、修正，形成对情境新的理解，才最终能够成为实践知识，使实践摆脱盲目性。正是在这个意义上，解制主义的教师培养以教学实践为教师培养路径的做法极大地损害了教师知识的合法性。

第二节　专业取向的教师教育项目与教师知识的合法化

尽管相当数量的大学教育学院对教师培养项目进行了实践取向的改造，传统上教师培养质量较高的大学教育学院和教师教育项目仍然坚持专业取向的教师培养，并没有以简单地增加实践学习时间或是围绕教学实践来设计教师培养课程，相反，这类项目反而是更加强调教育学知识对教师培养的重要作用。这类培养项目坚持 20 世纪 80 年代美国教师教育改革的基本方向，按照专业教育的思路改造和发展教师培养。如前所述，20 世纪 80 年代以追求教学职业的专业性，教师培养的专业化为核心的教师教育改革浪潮中，大学教育学院普遍开始以专业教育的思想来改造教师培养的课程与模式。总结起来，就是以"建立研究生层次的专业学院""设置专业发展学校""承担教育研究义务"作为未来教师培养和教育学院发展的主要方向，在大学的制度环境下，通过设立类似法学院、医学院等专业学院的形式来培养教师。在由师范学校升格而来的州立大学教育学院中，专业主义路径的教师培养模式改革最为普遍。本研究将以美国密歇根州立大学、斯坦福大学和哥伦比亚大学教师学院的教师培养项目为例，通过对专业主义的教师培养项目的深度剖析来揭示专业主义教师培养项目中教师知识合法化的特征。

一、教育学知识为主的专业取向教师培养及其教师知识的合法化

密歇根州立大学是由师范学院升格而来的州立综合性大学，因此教师培养的内部治理结构还保留了一些师范学院的痕迹，有些院系仍然将面向师范生培养的学科教育方向与学科方向并列设置。如密歇根州立大学的历史系就设置了两个项目（program），分别为历史教育与历史学项目。其中，历史教育专业的学生在大二或大三可以申请参加进入由教育学院组织的教师教育项目的考试和选拔，合格后可同时进入教育学院教师教育项目学习，达到学习要求后，毕业时可获得历史学的专业学位和州教师资格证书。如学生未能通过教师教育项目选拔或是未能达到教师教育项目的学习要求，那么学生就需转

回到历史学项目中继续学习方可毕业取得学位。

在 2015 年美新周刊(*U. S. News and World Report*)发布的美国教育排行榜中，密歇根州立大学的小学教师培养项目和中学教育项目均排名全美第一。① 密歇根州立大学的小学教师培养项目是一个以小学全科教师培养为目标，以培养具有全球视野和领导力的教学人才为特色的全美知名项目。② 总体上，小学教师教育项目是一个五年制的本科层次教师培养项目，四年时间学习大学通识教育科目、学科知识科目及教育学科目，并且需要达到密歇根州立大学学士学位的课程要求。在学习的第五年，学生需用一年时间完成实践学习及与实践学习相配合的科目。学生完成学业后，根据主修方向的不同，可以获得教育学、特殊教育学或是儿童发展专业的学士学位，达到州教师资格证书要求后取得初始教师资格证书。尽管是全科培养，但是学生必须选择至少一个方向作为教学主修，同时选择一个学科主修方向或者两个学科辅修方向。教学主修方向由教育学院负责开设相关课程，包括以下四个学科领域，即语言、社会研究、综合科学及数学。学科主修方向或是学科辅修方向除特殊教育方向课程由教育学院开设之外，其余全部由其他文理学院开设。目前可供师范生选择的学科主修有八项，除特殊教育方向之外，人文艺术学院开设阿拉伯语、汉语、法语、德语、日语、西班牙语六门语言类方向课程供师范生选择，社会科学学院历史系开设历史教育方向课程供师范生选择。

密歇根州立大学的小学教师培养项目要求师范生完成 120 学分的学习。全部教师培养课程分为几类，第一类是大学通识教育课程，约合 30 学分。第二类是教师教育专业课程，约占 40～50 学分。并且教师教育专业课程分为两个模块，一个是教师教育基础课程必修模块，占 21 学分；另一个是小学学科教学法模块课程，师范生要从总学分数 77 分的课程中选取 20～30 学分的课程。第三类是教学主修课程，根据主修方向不同，课程学分从 36～58 学分不等。第四类是学科主修或学科辅修课程，学科主修方向课程总学分数要根据各院系的规定计算，如果学生选择完成两个学科辅修方向课程，那么这类课程的学分总数最低不少于 40 学分，最高不多于 52 学分。与哈佛大学的教师

---

① http://grad-schools. usnews. rankingsandreviews. com/best-graduate-schools/top-education-schools/teacher-education-rankings.

② http://www. education. msu. edu/te/Elementary/Prospective-Students/Program-Overview. asp.

培养项目不同，密歇根州立大学的教师培养项目学生所完成的一年实习并不计算学分。

从学分数量来看，与师范生培养相关的教育学知识和学科教学法知识约占学分总数的三分之一，并且，有关的课程设置与教学安排体现了该项目对教师专业性的阶段、层次的划分。

教师教育基础课程必修模块包括七门课程，既是小学教师培养项目的必修课，也代表了项目设计者对小学教师所应具备的教育专业知识的认识。七门课程分别是：反思学习；人类多样性与社会制度中的权力与机遇；小学环境中的读写素养、学习者与学习；小学多元化学习者背景下的科学教学；小学多元化学习者背景下的社会研究科教学；小学多元化学习者背景下的语言教学；小学多元化学习者背景下的数学教学。其中，"反思学习"和"人类多样性与社会制度中的权力与机遇"这两门课可谓是基础中的基础。这两门课程的目的在于使师范生思考"在面对不同的学习者的环境下"教学的基础性问题。如"教育公平与平等""显性课程与隐性课程"等问题，从而学会运用教育学的基础性概念去理解学校组织，理解教和学的模式及教室中的生活。"小学环境中的读写素养、学习者与学习"课程主要内容是课堂管理、激发学生学习动机及备课，目的是启发师范生以"教师的方式"去思考课堂教学。"小学多元化学习者背景下的科学教学""小学多元化学习者背景下的社会研究科教学""小学多元化学习者背景下的语言教学"及"小学多元化学习者背景下的数学教学"四门课程接近我国的学科教学法课程，但整合性更强，将有关学科知识和课程与教学的知识整合起来，关注在小学阶段学生学习相关科目的方式与特点。

在教师教育基础课程必修模块之外，作为全科教师培养项目，密歇根州立大学小学教师培养项目还要求师范生在 77 学分的课程中选择 20～30 学分的小学学科教学法模块课程。这类课程可以被看做是在上述基础课程模块之上的"高阶"课程。该要求师范生必须选择两门小学数学教学法课程、一门针对儿童文学教学中的阅读与回应技巧的语言教学法课程、一门儿童语言教学法课程、一门科学教学法课程、一门儿童健康与小学体育教学课程。此外，在该项目中，师范生还必须选修两门艺术类课程。可供选择的艺术类课程分为两种。一类艺术课程是专门探讨艺术本身或是艺术史类课程，如音乐与文化、美术与文化等；另一类艺术课程则与传统上我们所理解的艺术课程不同，这类课程的主要内容是学科教学与艺术的整合。如"通过戏剧学习""儿童剧场"等课程。师范生也必须从这两类课程中各选修一门。

根据密歇根州教育部的要求，小学教师教育项目的师范生若要拿到教师资格证书还需要完成一年的教学实习。在这一年的实习中，该项目安排了六门实习指导课程，这六门实习指导课程由大学教育学院的教授开设，分别在师范生实习的不同阶段进行。实习指导课程的主要内容包括：指导实习生进行每周一次的教学讨论，查看和评估实习生提交的教学计划、课堂教学材料及教学反思笔记，并组织实习期间对实习生的评估考核工作。评估考核的频次大致为每学期两次，实习结束后再有一次总评估考核。密歇根州立大学小学教师培养项目的实习特色在于，该项目不仅跟学校所在地学区建立了密切的合作关系，还与临近的几个著名的薄弱校较为集中的较大学区如芝加哥、底特律等学区建立了合作关系，学生可以在几个学区中根据自己的就业取向选择实习基地。最富有特色的是，该项目还建立师范生海外实习基地，目前主要包括迪拜和南非。通过海外实习基地，师范生有更多的机会开阔视野，了解不同的文化习俗及其对教育的影响，培养出包容的文化态度。

从密歇根州立大学小学教师培养项目来看，教育学知识在项目中得到了最大限度的强调。事实上，近年来由于实践取向教师培养大行其道，各个州在教师资格证书项目的要求上都削减了大量的教育学课程，如原有的教育哲学、教育社会学等课程都要么被砍掉，要么整合到其他教育学课程之中。密歇根州立大学的教师教育课程也呈现出这一特点，如有关社会制度下的人的权力与机遇的课程事实上就是整合了原有的相关课程。值得一提的是，正如①科克伦-史密斯(Marilyn Cochran-Smith)所言，教学不是中立而价值无涉的专业，教师教育本身是一项"政治性"的活动，因为大学在教师培养中的重要作用就是要帮助教师挑战学校系统和社会上存在的不公平现象。师范生或新教师仅仅学习课堂管理的技能，为全体学生设计精致的教学方案是不够的，他们还必须通过与大学教授和学校指导教师的合作，发展实施批判性实践的能力，投入到教学研究中去。在美国这个多种族社会中，种族问题造成的社会地位与经济地位不平等使美国社会时刻面临着分裂和暴力的风险。因此，教师教育项目的一个重要目标是推动社会发展，教师教育项目有责任帮助师范生深入思考，从而谨慎地发挥教育者的作用，形成社会公正的政治与意识形态立场，与不公正的制度与现象做斗争，成为积极改变社会的一员。从这

---

① Cochran-Smith，M. (2001). Learning to teaching against the (new) Grain. . *Journal of Teacher Education*，52(1)，3-4.

个意义上说，密歇根州立大学小学教师培养项目的设计方式及多年来占据全美小学教师培养项目的头把交椅不仅是教育学知识合法性的最大体现，同时也是教育的社会价值的最大体现。

其次，密歇根州立大学小学教师培养项目的基础教育学课程和学科教学法课程设计核心出发点是"学生"和"学习"，特别是强调小学阶段学生发展与学习特点，体现了对教学专业性的新的认识和理解。事实上，自 20 世纪 80 年代美国教师教育改革摆出鲜明旗帜，提出"教学是一个专业，教师是专业人员"的主张之后，关于教学专业的专业特性逐渐发展出了不同的看法。按照医学专业和法学专业的标准来看，教学专业确实被看做是"准专业"或者"半专业"，但问题是，医学专业和法学专业就一定是衡量"专业"的标准吗？是否所有的专业只有具备了与医学专业或是法学专业同样的专业特性以后才能称得上是"专业"呢？近年的研究提出了不同主张。首先，教学专业的道德性与医学专业和法学专业不同。如前文所述，教学专业的道德性在于，教学需要以推动社会公正和民主作为价值取向。此外，教学的对象是作为个体的"人"，但与医学专业和法学专业不同，教师的教学效果很大程度上取决于他们在多大程度上能够得到其"客户"也就是学生的全力配合与支持。因此科汉（David Cohen）认为，教学的专业性不同其他专业，教学是"促进人类进步（human improvement）"的专业，其核心特征是直接提升人类精神、生活和工作，以及组织状态，并且是以学习为核心的。① 因此，这类专业是高度依赖客户的，专业工作的效果不仅仅取决于从业者自身的专业能力和专业承诺，还依赖其客户对专业工作的认识和投入程度。因而，从发展教学专业性的角度而言，密歇根州立大学的小学教师培养项目的设计理念与课程设置在一定程度上使得有关学习和学习者的知识在教师培养中获得合法性，也在一定程度上推动了教学专业的合法性。

二、教育学知识与实践知识相融合的教师教育项目及其教师知识的合法化

正如安德鲁·阿尔伯特的研究所揭示的，专业既是社会结构，也是认知

---

① Cohen, D. (2011). *Teaching and its predicaments*. Cambridge, MA, USA: Harvard University Press.

结构。① 专业人员有着与其他职业从业者所不同的认知方式。早在近一个世纪以前，杜威就提出，最有价值的思维是反省思维（reflective thinking），即对"某个问题进行反复地、严肃地、持续不断地深思"。② 反省思维与一般思维的差别在于，反省思维的形态主要包括两个层面。第一个层面是引起思维的"怀疑、踌躇、困惑和心智上的困难"；第二个层面是"寻找、搜索和探究的活动，求得解决疑难、处理困惑的实际办法"。杜威还强调，反省思维是把信念建立在证据基础上的思维，而所谓"证据"，则是指实际事物的客观真实的联结。杜威的思想经唐纳德·舍恩的发展，形成了有关专业人员的"反映实践论"。舍恩提出，以培养专业人员为目标的专业教育其核心方法和课程应该是"反映性实践课"，把学术课程中作为专业知识来教授的理论和技术与专家型实践者的"行动中的认识"和"行动中的反映"联系起来。③ 未来的专业人员在"反映性实践课"中通过三个层次学会"行动中反映"："学会识别和应用标准的规则、事实和操作"，"由一般规则去推论疑难案例"，然后"在通常的思维范畴和方式失灵之处，发展和检验新的理解和行动"。舍恩提出，专业教育应该避免和纠正当前学科取向和实践取向分离的问题，以"反映性实践课"为核心，以"做中学"的方式构筑专业教育的课程和教学基础。培养专业人员的教育者也不应是由传统的学科专家和实践指导教师构成，而应该由学习过程中"辅导教师"来承担，辅导教师需要"在不同的整合水平上，从不同的角度呈现专业实践任务；用建议、评价、质疑、解释等各种方式描述任务"；辅导教师"还必须使自己的呈现和描述符合学生的特点"。此外，辅导教师还需要为学生创设开放、接纳的情感环境，避免学生面对实践中的困境产生无力感，丧失自信心，形成"防卫心态"，最终陷入学习困境。

"反映认识论"和"反映性实践课"对于教师教育项目最大的启发在于，抛弃"理论知识"与"实践知识"的二元对立，尝试着以联系的观点将命题形式的教育学知识与实践知识联系起来，从而使得教师培养方式超越"理论知识"与"实践知识"二元对立，脱离"知识应用"模式成为可能。

① Abbott，A.(1988). *The system of professions：an essay on the division of expert labor*. Chicago，USA：The University of Chicago Press.

② 杜威.我们怎样思维·经验与教育.姜文闵译.北京：人民教育出版社，2005：11.

③ Schon，D.(1987). *Educating the reflective practitioner：toward a new design for teaching and learning in the professions*. San Francisco，CA，USA：Jossey-Bass Publishers.

以"反映认识论"为主要依据设计教师培养项目的突出代表是斯坦福大学的教师培养项目。斯坦福大学的教师教育项目主要包括小学教师培养项目和中学教师培养项目，本研究仅以中学教师培养项目做具体案例分析。

斯坦福大学的教师培养项目在 20 世纪初邀请到了美国教师教育专业化的领军人物琳达·达令-哈蒙德（Linda Darling-Hammond）对项目及其课程和教学进行重新设计和调整。哈蒙德一改以往项目领导者以协调各方关系为主要职责的做法，而是在教师教育研究层面对教师培养项目的改革做了深入的思考和分析。哈蒙德提出了项目设计的三个目标。① 第一，围绕着加州的教师专业标准及对于"好的教学"的共同愿景，设计从教师专业标准到教师培养项目的具有内在一致性的教师培养项目。当然，哈蒙德当时同时受邀主持开发加州教师专业标准与教师资格证书评价体系，顺理成章地将教师培养、教师资格认定与教师专业发展做了通盘考虑。第二，加强有关学习者学习的知识。第三，在教育理论与实践之间建立更好的联系。

斯坦福大学的中学教师培养项目是一个为期一年的硕士层次教师培养项目。项目申请人需具有学士学位。该项目把一年的学习时间分为了四个学期，每个学期都开设五个模块课程：课程与教学论、教学的社会学与心理学基础、语言和文化、教学法策略和师范生实习。每个学期学生都要在大学学习理论课程的同时开展实践学习，理论学习与实践学习并不是以"分段式"的形式出现的，而是相互交织着不断向前推进。课程与教学论模块课程主要以学科教学法课程为主；教学的社会学与心理学基础主要学习有关核心素养教学和青少年发展的知识；语言和文化模块课程主要科目为"教学中的公平与公正"和"语言政策与教学"；教学法策略模块中学习的主要科目为"课堂管理"和"特殊需要学生的教学"；在师范生实习模块，项目设计了以讨论课形式呈现的指导课程。每学期的实践指导课程都是以每周两次的频率进行，由大学实习指导教师与实习生共同参加。每次指导课为 2 小时，第 1 个小时为全体实习生共同会面、讨论，第 2 个小时为实习生分小组与指导教师进行分组讨论。每个学期的实习指导课程重点不同，也反映了学生每个学期实习目标的不同。第一个学期的实习以了解和熟悉教师培养项目、了解加州教师专业标准，学习建立专业人际网络的方法并在教师的指导下进行课堂观察。第二个学期的实

---

① Darling-Hammond，L. (2004). "Steady work"：The ongoing redesign of the Stanford teacher education program. *Educational Perspective*，36(1)，8-19.

习中，学习的重点是了解学习者和学校所在的社区环境，初步掌握有关青少年发展和学习特点的相关知识。同时要在指导教师的指导下开展课堂观察，实习生自己要承担一定的教学任务，指导教师则要观察实习生的教学状况并写出观察指导意见，实习生则要在 48 小时之内对指导教师的意见写出书面的反思报告。第三个学期的实习重点是发展实习教师有关学生评价的知识与方法。第四个学期的实习重点则是在指导教师的指导下，准备通过教师资格证书评价所需的各种材料，包括实习教师的备课资料、上课的片段、开发的学生评估工具及撰写教学反思等。

斯坦福大学的教师培养项目在课程设置和教学过程中均实现了教育学理论知识与实践知识的整合。从时间安排来看，师范生在大学的学习时间与在学校进行实践学习的时间比例分别为 56％和 44％，理论课程与实践课程的比重较为均衡。其次，在师范生的教育理论知识的学习方面，突出了教育学知识面向实践的特性。即便是在大学课堂中学习的学科教学法课程，也是与大量的学校参观、现场观察等实践环节相联系的。这一点与哈佛大学的教师培养课程颇有共通之处，从教师知识的合法化角度而言，教育学知识与教育实践之间的内在联系得到了广泛的确认，因而在教育学课程中渗透了大量来自教育现场的经验，从而使师范生进一步体验到教育学知识的生成过程。因而，可以说，作为一种融合了教育理论与实践的教师培养项目，斯坦福大学的教师培养项目使得实践知识对于教学专业的价值得到了认可。

第三节　"驻校"培养模式的教师教育项目与教师知识的合法化

2008 年，美国历史上第一位非洲裔美国人总统巴拉克·奥巴马（Barack Hussein Obama II）当选，并且在 2012 年成功赢得连任。奥巴马就任总统之时恰逢美国遭遇自大萧条时代以后最为严峻的经济危机之际，上任伊始，奥巴马政府就推出了重振经济的一揽子计划。教育被奥巴马政府看做是恢复健康的经济结构与发展模式的关键，其中，教师教育被看做是奥巴马政府带领美国人民追求全球教育领导力的重要途径，也是奥巴马政府教育政策的"四大支柱"之一。在奥巴马任期内，教师教育改革项目获得了大量的联邦资助支持，其中最为亮眼的，当属 2009 年联邦教育部为教师教育项目改革所设立的"教师质量伙伴项目（Teacher Quality Partnership）"专项资助资金，由教师培养项目以相互竞争的方式来获得这项总额高达 29 亿美元的资助。

教师质量伙伴项目的资金支持主要面向两类教师教育项目：一是传统的大学教师教育项目的改革计划；二是由教师教育项目、地方教育部门和社会力量共同参与的"驻校"教师教育项目。从教师质量伙伴项目的执行情况来看，2009 年和 2010 年，共 40 个教师培养项目从竞争中脱颖而出，赢得了美国教育部的资助。40 个获资助项目包括 9 个改革大学传统教师教育课程的项目、19 个驻校教师培养项目（teaching residency program）、7 个传统教师教育项目向"驻校"教师教育项目过渡的改革项目、5 个学校管理者和教育领导者培养项目。① 在五年之内，"教师质量伙伴项目"的总资助额将达到 29 亿美元。② 教师质量伙伴项目的资助对象是本科或研究生层次的教师教育项目，经费主要用于强化四年制或五年制的教师培养项目，或是用于支持取得学士学位之后的一年期的驻校教师培养项目，并且受资助的驻校教师培养项目毕业生在培养期满后，须取得硕士学位或教师资格证书。③ 有些驻校教师培养项目还在学生毕业从教后，为学生提供不少于三年的专业发展支持。

在这样的政策背景下，大学教育学院的教师培养项目如何向"驻校"教师培养模式改革与发展？改革与发展的过程中教师知识的合法化表现出了什么特征？本研究将就美国哥伦比亚大学教师学院的驻校教师培养项目开展案例分析，探讨在新的教师培养模式下教师知识的合法化过程。

一、驻校教师培养模式的历史由来与培养方式

驻校教师教育模式是近年来美国发展最快的教师培养方式。这种教师培养模式主要是在两项教育改革措施的影响下发展起来的，一是始于 20 世纪八十年代的专业发展学校教师教育模式；二是由一批关注高等教育机构和中小学合作培养教师的研究和实践项目发展而来。如著名教育学家古德莱德（John Goodlad）领导创建国家教育革新网络（National Network for Educational Renewal）项目时，以招标的形式在全美上百个申请项目中选择了 8 个中小学与

---

① 根据美国联邦教育部相关政策公告计算所得。

② U. S. Department of Education. Education Secretary Duncan Announces $43 Million in Grants to Improve Teaching in High-Need Schools[DB/OL]. 2009. http：//www2. ed. gov/news/pressreleases/2009/09/09302009. html，2012-4-9.

③ U. S. Department of Education. Guide to U. S. Department of Education Programs [DB/OL]. 2011. http：//www. ed. gov/programs/gtep. pdf 2012-4-2.

高等教育机构合作项目进入到其麾下"民主中的教育进程"项目，成为首批加入国家教育革新网络的示范项目。经过 30 多年的发展之后，专业发展学校的思想基础、组织形式与合作伦理都逐步走向成熟，高等教育机构与中小学的合作也愈发顺畅、高效，最终，发展出了以教师教育机构和中小学共同合作培养教师为核心特征的驻校教师培养模式。

驻校教师培养模式所吸引的社会力量十分广泛。有的驻校教师教育模式是大学教育学院通过与中小学建立伙伴关系而创建的，其前身多为最初的专业发展学校。有的驻校教师教育模式则是由可选择性教师教育项目发展而来，如波士顿驻校教师项目。还有的驻校教师教育模式是在本州高等教育法律的框架内新设立的，如纽约州的驻校教师培养项目就包括两种模式：第一种是教师候选人与在薄弱校工作的正式教师共同工作；第二种是教师候选人持有特定类型的临时教师资格证书，以正式教师的身份在薄弱校工作。在工作的同时，教师候选人在州认可的文化和研究机构，如图书馆、研究中心（必须为非高等教育机构）学习，四年以后经认定合格，教师候选人可获得硕士学位和相应的教师资格证书。但尽管是在州的法律框架内新设立的项目，但从其特征来看，仍然是可选择性教师教育项目。① 因此，从伙伴关系的建立到开展教师培养工作的组织、机构等各个方面来看，驻校教师教育模式都对传统的以大学教育学院为主的教师培养模式提出了极大的挑战。

二、哥伦比亚大学教师学院的驻校教师培养项目

哥伦比亚大学教师学院有着悠久的培养教师的传统。在奥巴马政府的教师教育政策引导下，教师学院原有的三个教师培养项目科学教育项目、中学全纳教育项目和英语作为第二语言教学项目被打包为"教师学院驻校教师培养项目（简称"TR@TC 项目"）"加以改造，并成功获得美国联邦政府两期总额为1750 万美元的资助。并且，由于联邦资金的使用要求，教师学院还要同时为驻校教师培养项目提供 1750 万配套资金，这一项目可谓是重金打造。TR@TC 项目也是一个硕士层次的教师培养项目，学习时间一期是一共 14 个月，

---

① Van Dempsey, S. D. (2011). United we stand: devided we fail our communities and hence the public good. In P. M. Earley, D. G. Imig, & N. M. Michelli (Eds.), *Teacher education policy in the United States: issues and tensions in an era of evolving expectations* (pp. 155-181). New York: Routledge, Taylor & Francis Group.

二期则被延长到了 18 个月。学习期满并达到各方要求后，师范生可取得硕士学位和纽约州初始教师资格证书。

第一期 TR@TC 项目设计包含四大理念支柱：第一是特殊需要教育和英语学习者(指母语不是英语的学习者)教育；第二是师范生要学习和掌握已经确实证明能够提高学生学业表现的教学思想、模式和方法；第三是与社会多方合作共同培养师范生；第四则是加强师范生的教育技术素养。该项目在申请第二期经费资助的时候，根据 TR@TC 项目三年进展的情况，又增加了关注培养师范生和在职教师的领导力的理念支柱。

特殊需要和英语学习者理念支柱意味着在培养中小学教师的课程中大量整合有关特殊需要儿童教育和英语学习者教育课程，而无关教师未来所教的学科或是资格证书。简要地说，就是学科教师通过学习相关课程，具备了开展全纳教育的知识和能力。这样在提倡"融合(inclusive)教育"的背景下，学科教师掌握了相关的知识和技能后，他们就可以更好地与学校的特殊教育教师合作，与相关领域的治疗师合作，共同促进孩子的发展，并且很好地完成自己的教学。

第二个理念支柱则意味着吸纳教育学研究的最前沿成果。自 20 世纪 80 年代的《明日的教师》和《准备就绪的国家：培养 21 世纪的教师》发表以来，美国教育界特别是教师教育研究者们开展了大量的研究，在研究依据的基础上确定了大量的"高影响性"教学方式，即能够提高学生学业表现的教学方式，比如基于项目的学习、问题解决学习及小组合作学习等。因此，教师培养项目设计中就大量地引入这类基于证据的高影响性教学研究成果，使师范生形成关于"好的教学"的愿景，使未来教学的认知目标更关注学生逻辑思维能力、想像力和创造力等高层次认知能力的培养，而不是以记忆和背诵为代表的低层次认知能力。

第三个方面，通过社会广泛合作来培养师范生的理念支柱意味着充分利用社会教育资源为培养教师服务。得益于纽约地区丰富的社会教育资源，TR@TC项目与很多社会文化教育机构结成了合作伙伴关系，比如与美国自然和历史博物馆和一些社区组织等。在第一期 TR@TC 项目中，师范生每周要有一天在社区服务组织担任志愿者，通过这种方式，师范生了解社会中不同的人的生存状态，并且学习与他们相处提供帮助的方法。

第四个方面的项目设计支柱是强化教育技术。TR@TC 项目与哥伦比亚大学的计算机中心结成了合作伙伴，师范生在哥伦比亚大学的计算机中心学习相关技术手段，并且尽可能地为师范生创造各种机会接触各类前沿科技手段。

简单地说，教师学院的驻校教师培养项目包括两个学习阶段。第一个学习阶段是进入教师学院的科学教育项目、中学全纳教育项目或是英语作为第二语言教学项目，被上述三个项目录取后，师范生方可申请进入驻校教师培养项目。前期，师范生完成一定的必修科目学习，包括教育基础理论课程及州教师资格证书所规定的必修课程。接着，师范生要进行 TR@TC 项目核心课程的学习，这类课程主要是围绕着课堂和教学设计和实施的。包括：课程设计与实施类课程、教育技术类课程、为多元化的学生开展有效教学等课程，以及一些围绕着"高影响性教学实践"所设计的课程。在学习上述课程的同时，在师范生入学后，第一个半年时间里，师范生每周在中小学在指导教师的指导下工作三天，也就是每周一到周三，周四是学习其他课程或是参与项目的其他安排，周五学习专门的 TR@TC 项目课程。第二个半年里，师范生则需要在中小学工作四天，周五回到教师学院学习 TR@TC 项目课程。TR@TC 项目课程的最大特色就是"整合性"，所有核心课程主要以"讨论课"的形式来开展教学，以实习生在课堂教学中遇到的问题为核心，通过理论学习、交流经验、共同讨论解决问题等方式使师范生学习相关的教学理论。学习过程中将师范生自己的自传经历作为课程资源，要求他们通过回顾自己的成长史反思可能存在的偏见和刻板印象；同时，TR@TC 项目的核心课程中也整合了教育研究方法的内容，依据师范生的课堂教学来安排学习任务，例如阅读文献撰写一份文献综述，要求师范生思考，阅读的文献与自己的课堂和学生之间的关联及对课堂教学实践的影响。

TR@TC 项目要求师范生在中小学以近乎全职教师的形式开展实践学习，但 TR@TC 的实践学习并不是单纯的增加师范生教学实践时间。应该说，TR@TC 项目是模拟医学教育的、以专业教育模式开展教师培养的探索。因此，师范生在开展实践学习期间，中小学校的角色类似于医学院的附属医院，为师范生提供大量开展"临床实践"的机会。师范生的实习以与实习指导教师进行"共同学习、共同备课和共同教学"的模式展开。同时，项目通过一系列的方法来选拔、培训学校实习指导教师，使实习指导教师与师范生、大学实习指导教师组成学习共同体来进行师范生的培养。

作为驻校教师培养项目，TR@TC 项目在合作伙伴关系下，围绕着有关"高影响性教学实践"的研究设计了体现了教育学理论知识与实践知识、教育技术手段与社会教育资源、普通学生教育与特殊学生教育等多个方面的彻底整合。在教学方式上，TR@TC 项目的培养模式改变了师范生获得有关"学会教学"的学术知识的方式。传统的讲授式理论课程以"焦点探究""直接观察"和"指导实践"等方式与实践课程整合，面向师范生的教育研究方法课改变了以往讲授式的教学方式，改为以研讨课的形式出现。师范生不是单纯地学习研究方法，而是要在学会研究方法的同时，思考研究方法与自己的课堂和学生之间的关联，以及教师如何运用研究方法为自己的课堂教学实践搜集证据。此外，对于教师专业品德的培养也整合到教师教育项目的学习过程之中。项目的整合性特征表明，教育学研究本身和教育学知识的发展正在以新的方式获得在教师培养过程中的合法性。从师范学校、师范学院或是多科性专业学院发展为大学的教育科系(院)的历史过程使得教育科学研究由于不同的知识传统而呈现出了多样而复杂的面貌。20 世纪 90 年代以后，随着教育科学研究的发展，人类对于自身如何实现学习特别是在学校体系中实现学习有了更多的认识，也使得基于证据的教学实践与政策制定成为了可能。基于证据的教育科学研究改变了教师教育的知识传统。富隆认为，专业主义教师培养的课程知识传统包含个人的通识知识、源自于教育学研究的命题知识、实践知识及最后发展成为教师专业品性的道德知识。[1] 基于证据的教育研究使得上述四个知识传统之间的边界变得模糊，也改变了教育研究者与研究的关系。研究者不再外在于研究本身，研究者自身也成了研究的目标和对象。此外，与基于研究的教师培养相同的是，基于证据的教育研究也把教师吸纳进了研究者的队伍，教师对教学实践的研究与研究者的教育研究具有同样的价值和意义。因此，在研究丰富型教师培养项目的设计中，代表通识知识传统的学科课程、代表教育研究的命题知识传统的教育学、心理学课程与代表实践知识传统的实践学习乃至代表道德知识传统的教师养成教育不再界限分明，而是围绕着师范生未来专业实践可能遇到的问题组织起来，实现教育科学的前沿研究成果与师范生的课程学习相融合，师范生的实践学习与学术知识学习相融合。

---

① Furlong, J. (2013). *Education—An anatomy of the discipline：rescuing the university project*? London and New York：Routledge.

本章小结

随着教师教育大学化过程在美国的结束，"教师教育项目"成为了美国教师培养的学术制度基础。然而，20世纪90年代可选择性教师教育项目异军突起之后，传统教师培养方式所遭受的质疑已经不仅仅在教育学院自身在大学中所处的"二等"地位，更在于由传统大学教育学院所开设的教师教育项目不断地遭受到质疑，这也促成了大学教师培养项目不断地调整与改革。

在改革的过程中，教师的实践知识在大学教师培养项目中获得了前所未有的重视与支持。同时，教育研究和教育学知识自身的发展也在教师培养项目中得到了充分的认可。然而，始终悬而未决的一个问题是，教师实践知识究竟应该以何种形式、何种面貌实现其合法性地位？正如哈格里夫斯所说①，在承认教师实践知识的同时，如果仍然用"命题知识"的生产过程和标准去要求实践知识的生产和呈现方式，那么大学在教师知识合法化过程中的"霸权"仍然没有得以破除，实践知识的合法性仍将大打折扣。也正因此，近年来除了实践转向的教师培养项目之外，研究者提出，教师培养应该是以教育研究的"证据"为依据的，即创设"基于证据的 evidence-based"教师培养项目，也就是"研究丰富型 research-informed"教师培养项目。TR@TC 项目就被被杰夫·惠迪（Geoff Whitty）称为是"研究丰富型"教师教育的范例。②

其次，在本研究所分析的案例中，尽管师范生的实践环节得到了前所未有的重视，但中小学在教师知识生产中的地位仍然是从属于大学的，反而是解制主义的教师培养项目将教师培养的主体机构转移到了社会教育机构和中小学教育机构上。在机构主导权的争夺过程中，教师研究的重要性逐渐凸显出来，教师的实践知识如何通过教师研究的过程和成果得以显性化，并成为教师培养的知识源泉成为了今后美国教师知识合法化过程研究所不能回避的重要课题。

---

① Hargreaves, A. (1996). Transforming knowledge: blurring the boundaries between research, policy and practice. *Educational Evaluation and Policy Analysis*, 18(2), 105-122.

② Whitty, G. Challenges College of Education Meet Currently[R]. 庆祝北京师范大学教育学部成立五周年学术研讨会主题演讲. 北京：北京师范大学教育学部，2014.

第四章 教师教育组织与教师知识合法化

　　由于长久以来美国教育分权管理，联邦政府对教育采取放任的态度，美国教育的行业协会与教师组织对教育事业发挥了重大作用。特别是在教师教育领域，教师教育组织不仅承担了教师资格证书的认证和颁布、教师教育机构的认证及教师专业标准的制定，同时还积极组织教师专业发展活动。因此，美国教师教育组织对教师知识的合法化历程发挥了巨大的推动作用。

　　根据组织对象的不同，美国教师教育组织可以分为面向教师个体和面向教师教育机构的组织；根据功能的不同，教师教育组织可以分为专业发展组织和认证组织；根据学科基础的不同，教师教育组织可以分为学科教师组织与一般教师组织等。各类组织对教师培养目标、教师的培养标准及专业发展活动都有不同的认识，同时，各类组织还常常通过协同合作来共同制定教师资格认证标准和教师教育专业认证标准。

　　1996 年，全美教学与未来委员会(the National Commission on Teaching & America's Future，NCTAF)在报告《最重要的任务：美国未来的教学(What matters most：teaching for America's future)》中提出了保障教师质量的"小凳模式"，即通过教师教育专业认证、新教师资格认证和高级教师证书三个方面的标准和制度的建立来保障教师质量，并明确提出了负责上述三个方面标准的建立与认证的组织机构。[1] 因此，

---

　　① The National Commission on Teaching & America's Future. (1996). *What matters most：teaching for America's Future*. New York.

本研究将借鉴 NCTAF 报告，从新教师资格认定组织和高级教师证书认定组织入手考察教师教育组织在教师知识合法化过程中发挥的作用。

第一节　美国教师资格标准组织的构成与职能

美国教师资格证书体系分为两类。一类是"教师执照(licensing)"由各州政府颁发，是对个体申请者是否具有从事某一学科教学的资格进行的审查。通常说来，在公立学校任教的教师必须具有执照。因此，这是一种强制性的最低标准的审查。另一类是教师证书(certification)，主要是由国家教学专业标准委员会颁发的，教师证书的要求标准比各州的执照标准高，主要采用绩效评估的方式，验证个体是否已经具备了一定的教学经验，教学专业是否得到了一定的发展，是面向专家教师的高级证书。

尽管体现教师入职标准的教师执照由各州颁发，但是近年来，在美国教育标准化运动的影响下，新教师评估与支持联盟(Interstate New Teacher Assessment and Support Consortium，INTASC)提出了一系列教师执照和入职标准，并且成为各州举办教师执照考试、颁发新教师执照的标准。相比新教师评估与支持联盟，美国国家教学专业标准委员会作为全国性的教师专业标准组织，是全美唯一颁发专家性质的教师证书的组织，它的证书是全国通用的，标准也是面向全美的。

一、美国新教师评估与支持联盟的构成和发展

1. 新教师评估与支持联盟的构成与职能

新教师评估与支持联盟成立于 1987 年，是美国 20 世纪 80 年代教师教育改革的措施和成果之一。从成立至今，新教师评估与支持联盟的主要工作包括：开发新教师核心标准模型；将核心标准模型转换为分学科教师执照标准；推动开发新的执照考试；设计分学科教师表现评价模型；开发教师培养课程质量原则；每年组织专业发展学术活动，帮助各州通过评估教学档案袋实施教学执照颁发标准；为各州实施执照颁发制度提供持续的支持等。新教师评估与支持联盟面向的主要是各州负责颁发教师执照的部门。

从 1992 年开始，新教师评估与支持联盟先后开发出了新教师核心标准模型(1992)、数学教师执照标准模型(1995)、特殊需要儿童教育教师执照标准模型(2001)、科学教师执照标准模型(2002)、外语教师执照标准模型(2002)、

艺术教师执照标准模型(2002)。其中1995年颁布的新教师核心标准模型是通识意义上的关于教师的教育学知识、素质和行为表现的标准模型。此后的分学科执照标准在教育学方面的标准和要求都是以此为基础设计的。参与新教师评估与支持联盟标准开发的包括几个方面的机构和人员：由实习教师组成的委员会、由教师教育者组成的委员会、学校管理者组成的委员会和州相关教育机构的工作人员组成的委员会。此外，该组织还正在设计和开发教师执照考试测验。根据该组织的研究，计划开发的教师执照考试包括三个部分：第一部分是学科知识测验；第二部分是教学知识测验(如教育学)；第三部分是实际教学评估。但是目前，新教师评估与支持联盟设计的教师执照测验还处于试测修改阶段，同时由于各州的教师执照制度已经比较完善，因此短时间内使用新教师评估与支持联盟的测验还不可行，还无法像美国国家教学专业标准委员会颁发全国性高级教师证书一样，颁发统一的全国教师执照。在新教师评估与支持联盟的设计中，理想的教师执照体系应该以学生的学业标准为依据，分为教师职前培养、教师执照颁发和专业发展(教师执照的更新)三个环节，在教师之前培养的环节中还要加入州对教师教育项目的评估和认证。

2. 新教师评估与支持联盟的教师执照标准模型

参照新教师评估与支持联盟的设计，教师执照标准应该包括知识、倾向(包含教师的知识观和从事教育工作的热情与敬业精神)和表现(对教师实际教学的评估)。在新教师评估与支持联盟开发的新教师核心标准模型中，针对教师的教育学方面的准备提出了有关教师执照标准的10项原则，并在每条原则具体地列出了知识、素质和行为标准说明。这10条原则主要涉及以下方面。第一，教师的学科知识准备。如教师要理解所教学科的核心概念、研究工具和结构，并且能够将学科上述方面的特征通过对学生有意义的方式进行设计，形成学生的学习经验。第二，教师的教育学要求，包括有关教育心理学和学生发展方面的要求。如教师理解学生的学习与发展，能够提供适宜的学习机会促进学生的智力、社会性和个性发展，教师要了解学生学习的差异性，并能够根据学生差异因材施教；教师会运用多种教学技巧，鼓励学生批判性思维、问题解决能力和技能的发展等原则。第三，教师的社会角色以及教师同家长、学校和社区的关系方面的要求。如新教师评估与支持联盟明确提出，教师是反思的实践者，能够持续地评估其决策和行为对其他人的影响(学生、家长和学习共同体中的其他专业人员)能够主动地寻找专业成长的机会；教师要加强同其他教师、家长及其他能够为学生学习和全面发展提供支持的机构的联系。从上述原则中可以看出，新教师评估与支持联盟从教师质量的整体保障角度提出了对教师知识的要求，尽管没有从专业准备的角度提出教师知识的范围，但是由于在上述原则的框架下，针对每条原则新教师评估与支持联盟都从"知识""倾向"和"表现"方面提出了具体要求，因此从中我们依然可以发现，新教师评估与支持联盟对教师知识的认识包括了教师的学科知识、教师的教育学知识、教师的心理学知识和教师的社会知识四个方面。

从教师的教育学知识看，新教师评估与支持联盟的要求包括：教师的学科知识、教师的教学技巧、教师有关课程的知识和教育评价的知识。具体地说，新教师评估与支持联盟对教师学科知识的要求标准是：教师了解所教学科的主要概念、假设、争论、研究过程和学科的核心认识过程；教师要理解学生概念结构的形成过程及其可能形成的影响学习本学科的错误概念；教师能够将所教的学科知识同其他学科知识联系起来。对教师的教学技巧，新教师评估与支持联盟提出，教师要了解与不同学习方式(如批判性和创造性学习、问题建构和问题解决学习、发明创造、记忆)相联系的认知过程，了解怎样刺激认知系统；教师要了解不同教学策略的适用条件(教学策略主要包括：合作学习、自主教学、发现式学习、小组讨论、独立学习、交叉学科教学等)。教师要了解如何使用不同的教学材料加强学习，学会使用多种教学资源，包括使用计算机、视频、音频材料，以及教具、课本等印刷材料。在课程知识方面，教师应了解学习理论、学科知识、课程开发及学生的发展；教师应知道如何运用这些知识在使教学达到课程目标的要求；教师应了解如何在备课过程中考虑和运用到像教材、学生的学习兴趣与需要、学生的态度及社区资源等因素对教学的影响，在教学目标和学生的经验中构建有效的桥梁；教师要了解如何根据学生的反应和其他因素调整教学计划。

此外，新教师评估与支持联盟还提出，教师要成为反思的实践者，教师要学会反思实践，学会反思教师教学对学生发展和学习的影响，学会反思师生之间的复杂互动，掌握反思所需的自我评估和问题解决策略，以及相关的探究方法。教师要了解教学领域的主要研究，学会运用有关专业学习的资源(如专业文献、同事讨论、专业组织和专业发展活动等)。

在新教师评估与支持联盟的建议和标准基础上，虽然各州颁发教师执照的方式和渠道不同，但基本都包含两种方式：一种是通过测验考察教师的学科知识和教学技能；另一种是通过绩效评估教师的教学能力。考察教师的学科知识和教学技能的考试很多，但目前获得比较多州认可的是由美国教育考试中心(Education Test Service)组织的普瑞克西斯(Praxis)考试。

普瑞克西斯考试目最初主要有两种类型。① 第一类是师范教育课程考试，这实际上是对候选人参加教师教育课程的倾向测验，测验的内容主要是被试的读、写和数学的基本能力。第二类是教师执照考试，测验的范围包含三个方面：学科知识测验、教学原则测验(测验候选教师是否掌握幼儿教育、k～6年级、5～9年级和7～12年级的教学知识)和教学基础测验(测验候选教师能否完成下述五个领域中任一领域的教学任务：小学多学科教学、英语语言艺术、数学、科学和社会科学)。考试的题型除师范课程考试全部是选择题形式外，教师执照测验的题型主要以案例分析和简答题为主，也包括少量选择题。普瑞克西斯考试后来开发出了第三种考试类型，简称 Praxsis Ⅲ，即侧重考查课堂教学技能的考试。这一类型的考试反映了美国教师资格评价思想向表现性评价思想的转变。

早在20世纪80年代，佛罗里达州、佐治亚州和得克萨斯州就已经开始在教师资格认定中采用表现性评价的方式。在后续的发展中，康涅狄格州、北卡罗来纳州及普瑞克西斯教师评价体系都开发了各自的教师表现性评价体系。加利福尼亚州1998年通过法案，规定获得初任教师资格证书也必须通过标准化的表现性评价，但是直到2008年才1月才开始正式实施。教师表现性评价核心思想在于，要求师范生满足各项知识与能力标准本身并不能够保证师范生能够在教学实践中表现出相应的专业技能。在实践中，各个教师表现性评价的步骤和方式也不尽相同。康涅狄格州开发了基于教师成长档案袋的表现性评价体系。北卡罗来纳州开发了以描述性信息和教学录像剪辑为基础的教师表现性评价。普瑞克西斯的教师表现性评价系统和由琳达·达令-哈蒙德领导开发的加州教师表现性评价系统(Performance Assessment for California Teachers)则是当前较有影响力的基于"表现性评价(performance assessment)"思想开发的教师资格评价体系，目前已经有多个州通过立法引入表现性评价体系作为本州教师资格证书认定的评价程序。

普瑞克西斯的教师表现性评价系统完全抛弃了传统的纸笔测验，而是建

---

① 有的研究者提出，普瑞克西斯考试有三种类型(朱欣欣、陈凡，2006；朱旭东、张眉，2007)，除文中提到的两个类型测验外，还有继续执照鉴定测验。但是从2007—2008教育考试服务中心有关该项考试的介绍中并没有找到有关继续执照鉴定测验的介绍。

立了由课堂教学评估人员对新任教师的课堂教学技能进行比较全面、客观的评价的体系，要求在教室环境中测试教师申请人的课堂教学能力。这一评价系统主要关注课堂教学表现的四个方面：教学计划、教学指导、教学环境创设和教师专业化。

在第一个领域教学计划方面，该评价重点考察未来教师在以下方面是否表现出了足以胜任的能力。第一是熟悉有关学生的背景知识和经验；第二是能够清楚地表达适合学生的课程学习目标；第三是教师表现出能够理解以前所学的知识、当前所学的知识与未来所要学习的知识之间的联系；第四是教师能够创造或选择适合学生的、与课程目标相一致的教学方法、学习活动及教学资源或其他资源；第五是教师有能力创造或选择适合学生的、与课程目标相一致的评价策略。

在第二个领域教学指导方面，普瑞克西斯的表现性评价体系关注未来教师所表现出来的以下能力：第一，教师可以营造促进公正的学习气氛；第二，教师能够建立和保持良好的师生关系；第三，教师有能力创设激发每个学生对沟通、挑战和学习的渴望；第四，教师有能力建立和维持一致性教学行为标准；第五，教师能够尽可能营造对学习安全、有益的物质环境。

在第三个领域教学环境创设方面，普瑞克西斯的表现性评价体系要求未来教师能够做到：第一，使学生明白学习目标和教学步骤；第二，使教学内容变得更加容易理解；第三，鼓励学生展开思考；第四，用多种方法引导学生理解教学内容，通过反馈帮助学生学习，根据形势需要调整学习活动；第五，有效利用教学时间。

在教师的专业化要求方面，普瑞克西斯的表现性评价体系认为，教师的专业化体现在：第一，教师反思教学的能力，即教师需要反思教学目标实现的程度；第二，教师需表现出教学效能感；第三，教师要有能力建立与同事分享教学智慧、为学生而协调学习活动的职业关系；第四，教师要能够与学生父母或监护人沟通其学习情况。

基于以上对教师核心表现的理解，普瑞克西斯的表现性评价体系设计了一系列的资格评价步骤。第一步，评估者对教师报送的书面材料进行评估。通常包括教师填写的两套表格即班级情况表和教学情况表，教案和学生评价记录等。第二步，评估者要与资格申请人进行一次面谈，主要内容是讨论教学设计的缘由、目标、教学评价的方式、教师了解学生状况的方式等。第三步，评估者要对教师进行课堂观察，记录教师的教学行为和学生的反应情况。

最后，评估者要再次与教师进行一次面谈，主要了解教师对课堂教学的反思、教学资源的运用，以及教师与学生和家长的沟通等状况。

加州教师表现性评价系统是由 12 个大学教师教育机构共同合作开发的。参加开发机构包括八所加州大学系统的教师教育机构，以及圣地亚哥州立大学、圣何塞州立大学、斯坦福大学和米尔斯大学的教师教育机构。该系统开发的基本思路是，首先对高质量的教学进行描述性研究，辨识高质量教学的核心实践表现，然后在此基础上提出对教师教学表现的期望也就是评价系统期望教师出现的教学行为表现，最后是以期望中的教师教学行为表现为依据，开发评价设计标准。加州教师表现性评价系统的基本评价方案设计是由申请人提交自己的教学片断录像及与教学相关的任务资料，主要包括教学背景、教学设计、教学过程、教学评价和教学反思，同时还要提供其他评述性资料，如对教学环境和背景的描述等。提交材料以后，由评价专家根据严格的评分量规分别从教学环境创设、教学设计、教学过程、教学评价方法与工具及教学反思五个方面对申请人提交材料打分，各个部分的得分达到一定要求后，申请人方可通过评价。

从行为主义的评价、标准本位的评价向表现性评价的发展反映了教师知识日益融合的发展趋势。从纸笔测验重点考察命题式的教育理论知识到以教师在实际教学中的表现为重点确立教学工作的入职门槛，使得教师的实践知识取得了与教育学理论知识在教师培养中的同等的合法性地位。并且，由于教师的实践知识不必以命题式的显性化的教育理论知识的面貌呈现出来，避免了把实践知识削足适履，而是最大限度地尊重了实践知识的"缄默"特征。

二、国家教学专业标准委员会与高级教师资格证书

1. 美国国家教学专业标准委员会的构成与发展

美国国家教学专业标准委员会是 20 世纪 80 年代以专业化为特征的美国教师教育改革的产物。早在 1985 年，美国教师联合会主席阿尔伯特·沙克尔就提出了建立教师专业评价组织的建议，1986 年，卡内基经济与教育论坛教学作为专业之任务小组发表了《国家为培养 21 世纪教师做准备》报告，在卡内基报告的直接建议下，美国国家教学专业标准委员会正式成立了。美国国家教学专业标准委员会的成立被看做是加强教师在教学领域内的专业地位的一项重大举措，一方面，该组织是非官方的、不属于任何党派的教师教育组织，其资金来源约 55％来自美国联邦教育部，45％来自非政府机构；另一方面，

美国国家教学专业标准委员会的主要成员由任课教师构成，通过他们的评估来为教师颁发代表高级教学水平的资格证书。目前，美国国家教学专业标准委员会指导委员会共有 27 名成员，其中包括 13 位拥有美国国家教学专业标准委员会资格证书的教师。不仅如此，美国国家教学专业标准委员会委员会还包括前任佐治亚州州长、美国教师联合会和美国教育协会的负责人、美国教师教育认证委员会负责人，来自大学的教授和教育研究人员，以及虽然没有持有美国国家教学专业标准委员会教师资格证书，但有丰富的教学经验或获得过其他教育奖项的优秀教师。

根据卡内基报告的建议，在成立的最初，美国国家教学专业标准委员会本来的设想是构筑体现教师职业升迁的组织，为教师提供从事教学工作的执照和代表高级教学水平的资格证书。但在实践操作中，由于通过州教育行政部门颁发入门级的教师执照制度在美国已经相对成熟和完善，美国国家教学专业标准委员会把主要精力放到了颁发全美均认可的教师资格证书上。① 今天，美国国家教学专业标准委员会提供涉及 14 个学科、不同年龄阶段的 25 种高级教师资格证书，此外还包括特殊教育证书和一般教育专家（generalist）证书。从成立到 2007 年，美国国家教学专业标准委员会已经为 64000 名教师颁发了高级证书，其中约 6400 个科学和数学教育证书。到目前为止，在全美所有学区当中，有 25％ 的学区为教师获得教学专业标准委员会教师资格证书提供资金支持，或是增加持有证书的教师工资。

2. 美国国家教学专业标准委员会教师资格证书标准

美国国家教学专业标准委员会的教师资格证书分布学科非常广泛，包括艺术、英语（母语或第一外语）、数学、科学、音乐、体育、社会研究（历史）、健康教育、图书传媒、文学等学科，此外，还有非学科类的一般教育专家证书、特殊教育专家证书和学校咨询证书。在上述学科和门类的证书当中，还分别根据学生的年龄段做了具体的划分。

美国国家教学专业标准委员会指出，一般教育专家证书同学科教学证书的区别在于，它的设计初衷是希望教师能够通过多学科发展学生的技能和知识。以 11～15 岁一般教育专家证书的标准为例，标准委员会提出了 12 条考核标准，要求申请资格证书的教师了解、掌握和运用下列知识、资源与技能：

---

① 　按美国教师资格证书的种类划分，NBPTS 提供的证书属于高级证书的范畴，有些州，如伊利诺伊州、堪萨斯州和科罗拉多州也提供高级教师资格证书。

关于学生的知识；关于学科的知识；教学资源；学习环境；有意义的学习；尊重多元化；知识建构的多种途径；学生的社会性发展；评价；反思实践；家庭合作伙伴；与同事合作。大致进行分类的话，我们可以发现其包含范围与新教师评估与支持联盟基本相同，也是涵盖了教师的学科知识、教师的教育学知识、教师的心理学知识和教师的社会知识四个方面。具体到教师的学科知识和教育学知识，一般教育专家证书对具体考核指标的描述为：教师的学科知识包含学生应掌握的关键概念，学生掌握这些关键概念所需的专门的推理、思考和表达知识的方法，使学科知识发生改变的技术，学生在每个领域可能遇到的困难，以及学习策略和支持学习的技巧。教师还要能够预见到学生可能遇到的错误概念，并找到解决问题的办法。关于跨学科的问题，美国国家教学专业标准委员会认为，"跨学科"的现象发生在解决问题的领域，并且其前提是充分理解每个独立学科的知识。① 因此，教学专业标准委员会还规定了要获得一般教育专家证书需要掌握的各个学科的知识水平。比如在英语语言艺术方面，专业标准委员会的规定是一般教育专家要了解英语语言艺术所需的专家技能，掌握发展专家技能所必不可少的、有关语言艺术的重要思想、概念和策略；教师要了解学生是如何学习和使用语言的，学生与文本的互动关系是怎样的。此外，教师还要具备扎实的关于语言发展的知识，提高学生听、说、读、写的能力和技巧。

针对教师的教育学知识，美国国家教学专业标准委员会提出了创设良好的学习环境、充分运用不同的教学资源开展有意义的学习、掌握评价学生的方法等建议。但值得注意的是，教学专业标准委员会有关教师教育学知识方面的要求比对教师的社会知识要求少得多，而且有很多标准看似是对教师教育学知识的要求，但实质上是社会要求。比如在创设良好的学习环境这个原则下，美国国家教学专业标准委员会对标准的解读更多的是从社会公正和教学的价值观角度提出的，它要求教师要为学生创造公平、公正没有任何形式的歧视的学习环境，要求教师通过教学传递民主的价值观，并且能够及时地处理课堂上发生的课堂纪律的问题。在进行有意义地学习方面，美国国家教学专业标准委员会要求教师谨慎地选择课堂教学的主题，并且尽可能地与学生关心的主要问题保持一致。在教学评价方面，标准委员会要求教师尽可能

① National Board for Professional Teaching Standards. （2001）. *Early adolesence generalist standards*. Arlington，VA，USA.

地使用多样化的评价手段，如通过表现评价评估学生的问题解决能力等；同时教师还应将评价的重点放在学生的批判思维能力和深度理解方面，评估学生联系和处理不同形式知识的能力；教师还应帮助学生建立自我评估的习惯，帮助学生思考所学的知识和学习的过程。

在教师的反思实践方面，美国国家教学专业标准委员会提出，教师应把对实践的反思当做是专业职责的核心，以此为基础去扩展自身的知识、提高教学水平、规范和发展教育观念。教师应检视自身的优势和不足，在分析和备课过程中运用已有的知识。① 在教学专业标准委员会看来，教师的反思实践不仅仅是教师对当前教学的反思，还应该包括教师和学生共同对学习过程进行反思、教师对课堂教学环境的反思。教师还应通过多种渠道，倾听来自家长和同事的信息，在此基础上对教学进行进一步的反思。

申请美国国家教学专业标准委员会资格证书的时间比较长，程序也相对复杂，除了参加纸笔测验之外，教师还必须参加其他形式的评估和考核，教师需向评估委员会提供自己的教学录像，还要参加面谈、撰写论文并接受现场听课等考察。

第二节　教师资格认定标准与教师知识合法化

通过前文的描述，可以发现，尽管新教师评估与支持联盟的标准与美国国家教学专业标准委员会标准比起来不具有"刚性"的强制力量，但是就其建议范围来看，无论是新教师评估与支持联盟还是美国国家教学专业标准委员会，在对教师个体的要求方面都明确地提出了几个方面，包括：教师的学科知识、教育学知识、心理学知识和社会知识。其中，教师的教育学知识是构成教师执照和教师资格证书标准的核心部分，并且两个组织都明确提出了教师实践反思知识作为颁发教师执照和高级资格证书的标准。美国国家教学专业标准委员会和新教师评估与支持联盟都认为，两个组织最大的共同之处在于："复杂的教学艺术需要以绩效考核的标准为基础，需要能够把握教师合理判断的评价标准和评价方法，并且要能够评估教师在真实的教学环境中的教

---

① National Board for Professional Teaching Standards. (2001). *Early adolesence generalist standards.* Arlington，VA.

学行为。"①从这两个组织的标准来看，它们对教师知识合法化最大的推动来自对教师反思实践知识合法化的推动。

一、教师的实践反思知识研究及其合法化条件

关于教师实践知识的研究，通常认为较早开展教师实践知识研究的学者主要有埃尔鲍兹、克兰迪宁和康奈利、唐纳德·舍恩、汤姆·拉塞尔等人。②有研究者提出，从认识论角度看，舍恩和拉塞尔等人同埃尔鲍兹等人应属于对教师实践知识研究的不同流派。因为尽管双方从理论源泉方面，都受到了科学哲学家波兰尼（Michael Polanyi）的个人知识和缄默知识思想的影响，但从基本观点和对教师的专业工作的性质认识来看，双方存在较大的差异。相比埃尔鲍兹等人更看重挖掘教师从实践中获得的知识，舍恩不仅关注所有专业人员在实践中的认识过程，而且就专业人员的职业性质提出了更为全面和完整的看法。从西方对教师实践知识的研究来看，以埃尔鲍兹、克兰迪宁和康奈利等人为代表的教师个人实践知识研究影响的范围主要体现在欧洲和加拿大，而以舍恩为代表的教师实践反思研究则沿袭了自杜威以来的反思认识论传统，对美国教师教育具有较大的影响力。

杜威认为，思维发生在两种情境之间，开始的一端是反思之前的混乱、无序的情境，结束的一段是明确、解决和统一的情境。反思具有五个阶段：（1）暗示，在这里，思维跃进于一种可能的解决；（2）感觉的（直接经验的）困难或迷惑的理智化，成为一个待解决的问题，一个必须找到答案的疑问；（3）用一个又一个的暗示，作为领导观念或假设，以发起和引导观察和其他心智活动，收集事实资料；（4）推演概念或假设的涵义（推理，指推论的一部分，不是推论的全部）；（5）在外表的或想象的行动中检验假设。③ 这五个阶段的顺序不是固定不变的，在思维的过程中所占的比重也可能不同，五个阶段中的某些阶段也可能组合起来。

尽管舍恩也提出，反思也是从混乱、意外的情境开始，但是舍恩的反思

---

① Lucas，C. J. (1997). *Teacher education in America：reform agendas for the twenty-first century*. New York：St. Martin's Press.

② Fenstermacher，F. D. (1994). The knower and the known：the nature of knowledge in research on teaching. *Review of Research in Education*，(20)，3-56.

③ 杜威著，赵祥麟，王承绪译. 杜威教育名篇[M].北京：教育科学出版社，2006：221.

认识论强调专业认识是一种"实践中的反映"过程。在舍恩看来，实践中的反映是"行动中的反映"过程。舍恩指出，在日常生活中，我们的认识存在于行动中，常常是凭借即时反应和直觉行动，我们并不能够说出我们确切地知道什么。这种行动中的认识具有三种特性，即自发性、内隐性和学习的特征。当我们一边在行动中认识、一边在做的同时思考我们的行为，那么就构成了"行动中反映"。而且行动中的反映常常与一些意外相关，在这个过程中，反映的内容主要包括"行动的结果、行动本身、隐含在行动中的直觉性认识，以及它们彼此的关系。"①专业工作者的实践中的反映是一种特定的"行动中反映"，因为第一，专业工作者的"实践"指的是在专业情境中的表现；第二，专业工作者的实践包含了为专业表现而做的准备；第三，专业实践还包含"重复"这一元素。

专业工作者实践的情境是复杂而不确定的，在解决问题的过程中又会产生新的问题，专业工作者对这种独特而不确定的情境进行反映性对话。在行动的反映过程中，专业工作者的认识过程可以概括为：问题设定、将过去经验用于独特情境、进行现场实验直到问题解决。在认识过程中，专业工作者的立场同从旁观者/操作者的立场转变为与情境进行反映性对话的中介/实验者。

以杜威和舍恩的反映实践思想为基础，根据反思内容和角度的不同，有研究者认为目前美国出现了五种反思型教师教育模式：第一，技术性反思模式，主要以有关教学的研究为基础，对一般的教学和课堂管理行为进行反思，最终使教师的行为符合外部评价指标的要求；第二，行动中和对行动的反思模式，对个人的教学绩效进行反思，以此作为教师在当前情境下做出决策的基础；第三，缜密性反思模式(Deliberative Reflection)，对课堂教学进行全面反思，反思的对象包括学生、课程、教学策略和课堂组织，以此来衡量不同的研究成果对课堂教学的效用；第四，人格性反思模式(Personalistic Reflection)，教师对个人成长历程和师生关系进行反思；第五，批判性反思模式(Critical Reflection)，借助社会批判理论对学校教学中涉及的社会、道德和政治维度进行反思，最终教师能够以伦理标准判断学校教学的目标和目的是否

---

① 唐纳德·舍恩著，夏林清译. 反映的实践者——专业工作者如何在行动中思考[M].北京：教育科学出版社，2007：45.

具有正当性，比如是否体现了社会正义和机会公平①。对比上述模式，我们会发现，新教师评估与支持联盟和美国国家教学专业标准委员会提出的有关教师反思实践知识的标准，实际上更强调教师问题解决中的实践反思，强调教师充分运用已有的资源构建自己的认识框架，以便从多个方面对教学环节及教师工作的社区环境进行反思，从反思内容上更倾向于前三种反思模式。

二、新教师评估与支持联盟和美国国家教学专业标准委员会标准与教师实践反思知识的合法化

通过新教师评估与支持联盟和美国国家教学专业标准委员会的标准，以及美国国家教学专业标准委员会颁发教师高级证书的程序，教师的实践反思知识成为评分的对象之一。在一些州的教师执照或是资格证书的课程当中，也将反思性探究（reflective inquiry）作为必修课程之一，如俄亥俄州立大学教育学院开设的面向教师执照和资格证书的教育硕士课程（M. Ed）不仅将反思性探究作为必修课之一，同时还将参加反思研讨班作为课程的必修环节之一。如此一来，教师的实践反思知识就可以通过书写、评分和考试的方式来表达和评鉴。霍斯金认为，"只有当书写、评分、考试这三种做法合在一起，人类历史才发生重大变化，乃至出现断裂。现代学科规训制度的权力，尤其是规训性知识的权力，直到这一刻才成为可想象的事。"②与学科教学知识不同，在美国，教师的实践反思知识在教师教育领域中并不是通过成为"官方课程"实现合法化，而是通过成为教师执照和证书的考核标准。一方面成为了现代学科规训制度权力规训的对象，另一方面又成为了评判教师水准的标尺，从而获得了内在的规训力量。

在福柯看来，学科规训既是知识的形式也是权力的形式，规训的手段主要有三种，即层级监视、规范化裁决和检查（考试）。对教师实践知识来说，获得了学科规训的力量，它就可以维持一种秩序，这种秩序使教师的培养服从于有关的教学计划，鼓励教师在一定的时间内达到某种能力水准。而且，在教学计划之外，只要教师加入到相关的课程之内，遵循着课程发展的规律，

---

① Valli, L. (1997). Listening to other voices: a description of teacher reflection in the United States. *Peabody Journal of Education*, 72(1), 67-88.

② 霍斯金著，刘健芝等译. 教育与学科规训制度的缘起[A]. 学科·知识·权力[C]. 北京：生活·读书·新知三联书店，牛津大学出版社，1993：43-84.

教师也能够达到计划标准的要求。通过教师资格标准的明确，教师的实践反思知识获得了力量，首先，它使教师在知识方面的差距缩小了，并且至少都达到了最低标准；其次，它突出了对教师的奖励和惩罚，由于有明确的资格标准在，教师不仅可以获得制度上的奖励（取得教师执照，成为教师一员），还可以获得直接的物质上的奖励。

检查（考试）是现代知识权力和现代所有无微不至的规训控制方式中最精髓的体现。① 因为检查把"层级监视技术与规范化裁决的技术结合起来。它是一种追求规范化的目光，一种能够导致定性、分类和惩罚的监视"。② 教师资格标准及其考核方式，使教师的实践反思知识不再与教师不可分离，而是具有了客体化的形式，再通过"书写机制"，也就是明确每个参加考试的个体的能力和水平，确定他们的等级评分，使教师成为外在的分析对象，并构成一套比较和评估的标准。尽管美国国家教学专业标准委员会用录像、现场听课等形式对教师进行考察，然而此时的考察重点却已不再是教师的实践知识，而是教师的绩效。于是，在资格证书标准和考试形式的共同作用下，本来是作为中介/实验者的专业人员——教师，又重新回复到了旁观者/操纵者的地位上。更糟糕的是，由于考试的形式把实践知识从教师的身边推开，重新以科技理性的客观化、工具化立场对待教师跟知识的关系，使得教师的研究者地位受到了极大的挑战。本来是知识主人的教师再次变成了"接收知识的容器"。

三、教师实践反思知识合法化的理想模式

首先，在舍恩看来，所有的专业角色都镶嵌在特定的体制脉络中，教师也不例外。但是重要的在于，教师如何看待体制脉络。如果教师将体制脉络放在框定角色的核心地位，那么教师就必须建构出一套自己的理论，去解决依靠书本知识不能解决的问题；假如教师把脉络看做是反映对象，那么"他将察觉到情境中的其他人也以他们自己的框架和理论来与他的框架与理论相对应"。那么，此时教师本人是以"规划者"的身份而不是以"被规划"的客体出

---

① 霍斯金著，刘健芝等译. 教育与学科规训制度的缘起[A].学科·知识·权力[C]. 北京：生活·读书·新知三联书店，牛津大学出版社，1993：43-84.

② 米歇尔·福柯著，刘北成，杨远婴译. 规训与惩罚[M].北京：生活·读书·新知三联书店，1999：208.

现，教师同体制脉络中其他的人的互动"将以一种反映性对话的方式进行"。①如果教师能够以反映性对话的方式同脉络体制内的其他成员实现互动，那么教师实践知识就不应以"考试"的面貌出现，而应该具有探究的空间，通过有关教师教育组织实现专业共同体内的"对话"。

其次，舍恩继续指出，对专业人员而言，他们服务的对象同他们自己的关系常常被冠以"医生""病人""当事人""律师""学生""教师"等名称，但可以用"当事人"来粗略地概括专业人员服务的对象。在舍恩看来，专业人员对自己所服务的客户有绝对的权威，专业同"当事人"之间形成了责任契约关系。反思的实践者并不是要放弃专业人员同当事人之间的责任机制，而是同实践者同情境进行反映性对话一样，专业实践者同当事人之间同样进行着反映性对话。这样一来，专业人员对当事人的权威不是建立在他相对于当事人的能力和知识优势上，而是建立在双方共同通过沟通来掌握真正意义的基础上。因此，理想的实践知识应该是通过建立在"反映性对话"基础上的互动模式通过参与专业实践的主体之间的共识最终实现合法化。

此外，舍恩还认为，官僚组织是同技术理性的专业捆绑在一起的。② 当涉及深层价值与知识结构的改变时，组织必须进行有效调试。那么为了使教师成为"反思的实践者"，摆脱官僚组织的僵化，舍恩提出了控制班级规模和建立另外一种学习系统的建议。在新的学习系统中，教师通过专业共同体获得专业伙伴最大限度的支持，并且以共同体的成长来带动个体的成长。如果能够建立另外一套学习系统，那么也许教师的专业共同体将成为教师实践反思知识实现合法化的理想场所。

本章小结

一个职业所以能够踏入"专业"的行列，享有其他职业所不具备的排他性及由此带来的经济回报和社会声望，在一定程度上取决于这个职业是否形成了足以支持其成为"专业"的内部结构。在阿尔伯特看来，专业的内部组织结构包括三个层面：专业团体、专业控制和工作场所，是否具有全国性的、统

① 唐纳德·舍恩著，夏林清译. 反映的实践者——专业工作者如何在行动中思考[M].北京：教育科学出版社，2007：220.
② 同上：259.

一的专业组织是专业获得合法性的前提。① 美国作为一个公民社会非常发达的国家，专业组织对于专业的重要性体现得更加淋漓尽致。一般而言，专业团体可以分为游说团体、咨询团体和从业者控制团体，② 就美国教师教育的体系来说，教师资格认定组织与教师教育专业认证组织可以被看做是"从业者控制团体"，这类组织的存在对于确认和提高专业的合法性地位，提高专业应对危机的水平有着重要作用。因而，资格认定组织事实上也发挥了对于教师知识的合法性的"门槛"作用，因为它不仅规定了进入专业的门槛的人的特性，同时规定了要成为"专业人"应该学习的内容和类型，因此是对教师知识合法性的再次确认。

从职能和活动类型来看，美国教师教育专业组织一般包括政治取向的职能与活动与专业取向的职能与活动。政治取向的职能与活动主要是由教师工会领导开展的，具体活动包括罢教、集体谈判、政治游说/捐助或政治献金乃至采取司法行动维护教师专业权益。专业取向的职能和活动则主要由咨询组织和从业者控制团体来组织开展，具体活动包括提供专业咨询与专业发展支持，发挥专业门槛与监督作用，开展专业认证和资格认定工作，以及提供公共政策咨询与服务，影响公共政策进程。此外，还有慈善组织通过资助研究与教育活动对教学专业发挥其独特的影响。可以说，各类专业组织对于教师知识的合法化都有着不同程度、不同方面的影响，其影响方式也不尽相同，其中教师资格认定组织对教师知识合法化的影响应该说是最为直接的，也反映了从专业培养到专业入口之间的衔接过程对于教师培养过程的反馈与影响。

---

① Abbott，A. (1988). *The system of professions：an essay on the division of expert labor*. Chicago，USA：The University of Chicago Press.

② Ibid.

结　语

　　教师知识的合法性问题源自教学专业的确立。20世纪60年代，联合国教科文组织和国际劳工组织在《关于教师地位的建议》中首次提出："应把教育工作视为专门的职业，这种职业要求教师经过严格地、持续地学习，获得并保持专门的知识和特别的技术。"然而，真正树立教育工作的专业性，则在于教育行业的从业人员，在与其他未接受过专门训练的人员的竞争之中，能否取得对于"教学实践"的排他性的垄断地位，从而在社会结构和认知结构两个层面上取得专业的合法性地位。从20世纪80年代开始，美国开展了一系列以提高教育质量为核心的改革，同时提出以"专业化"为核心提升教师队伍的培养质量，其核心建议是借鉴和参考医疗专业的人才模式，形成教师培养的专业教育模式。因而，教师知识的合法化过程既是在教学工作走向专业化的背景下所提出的特定问题，同时也是实现教学专业合法性的基础。

　　当代美国教师教育体系整体上呈现出以大学为培养机构的专业主义教师教育和以可选择性教师教育项目为培养机构的解制主义教师教育并存的"双轨制"特征。同时，将大学水平的教师教育机构或是社会教育机构同公立学校联系起来的合作伙伴模式，也由于政府和市民社会组织的大力支持而蓬勃发展。在参与教师培养的机构主体由于"开放"而走向了多元的同时，教师教育项目（program）成为了教师培养的具体实施部门。从大学教育学院（系）作为教师培养的主体机构到当前的多元主体机构，教师知识首先在大学内部知识制度中获得合法化，接着通过教师教育项目中教师教育课程的设置与安排进一步完成了教师知识的筛选与生产过程的合法化。

设定最低入职标准、颁发教师执照是设定教学专业入职门槛的制度性实践。以考试和评估为手段，教师资格证书制度明确了教师知识的范围和最低标准，并使教师知识获得了学科规训的权力。因此，教师教育机构和教师教育组织成为教师知识合法化过程体现最为集中的领域。

在传统的教师教育机构——大学的教育学院中，教师知识的合法化具有以下特征。首先，教育学的危机与教育学院的危机相伴共存，相互影响。教师教育机构尚不能充当教师知识的合法主体，其权威性始终备受质疑。这种质疑一方面是由于教育学院本身较低的入学标准影响了其在综合性大学中的学术声望；另一方面是由于教育学没能在科学化的大潮中发展出一套符合"科学标准"的规范体系，因此教育学的合法性地位受到了挑战，教育学院的学术地位自然也就无法获得认可。

其次，在现代美国教师教育体制从封闭型的师范教育体制走向开放式的教师教育体制的过程中，面向实践的教育学与之前以哲学姿态出现在大学系统中的教育学之间发生了断裂。这种断裂使造成了教师知识内外交困的局面。

师范学校升格为教育学院和综合性大学设立教育学院的过程代表了美国教师教育大学化的两种不同途径。在不同的途径当中，教师知识的合法化过程也表现出较大的差异。师范学校升格为教育学院体现了学科教学知识逐步成为官方课程的过程。而在大学设立教育学院的过程中，教师知识的合法化则体现了传统大学学术权力之间的冲突和妥协。在教育学追求科学化以获得在传统大学内的合法性地位的过程中，教师知识以偏离教学实践的姿态获得了一种不完全的合法化。

教师知识在教师教育机构中实现合法化的历史过程表明，由于教师知识的合法化过程在教育学院中发生了"偏离"，并未完整地获得大学的学术地位，教育学的知识本身被割裂成作为一个学术研究领域的"教育学"和指导教师教学实践的"教育学"，二者之间的割裂导致教育学院在一定程度上承担着教师知识的"生产者"角色，在一线开展教学工作的教师则被认为是教师知识的"消费者"，其创造教育知识的能力和资格均受到了质疑。

随着美国教师教育机构的改革与解制主义，以及"驻校教师"教师培养项目的崛起，课程设置与教学过程中的教师知识呈现出了不同的特征。总体而言，传统大学教育学院的教师培养项目、可选择性教师培养项目和"驻校"教师培养项目的课程反映了当代教师知识的实践取向和专业主义取向。在实践取向的教师培养项目中，教师的培养以学科知识学习和实践学习为主，教师的实践知识与学科知识获得了较高的合法性；而在专业主义的教师培养项目中，教师的实践性知识也获得了较高的合法性，只是在小学教师培养项目中，教育学知识获得了较多地关注，与学科知识和实践知识共同取得了教师培养中的合法性地位，甚至在一些大学的小学教师培养项目中，教育学知识的合法性高于学科知识的合法性。在专业主义取向的中学教师培养项目中，教育学知识更多地与实践知识相融合，融合形态的教师知识正在更多地取得在教师培养中的合法性地位。

通过教师教育组织获得合法化的教师知识主要是教师的实践反思知识。通过成为教师入职的资格标准，并以考试的形式作为规训力量，本来并不构成独立学科的教师实践反思知识获得了学科规训的权力。然而，教师实践反思知识的出现本身是反对技术理性的专业知识观的结果，而技术理性的专业知识恰恰是通过学科规训权力实现其合法化的。结果，实践反思知识不得不以它本身反对的方式获得了合法性地位。在实践者与情境的关系上、实践者与当事人的关系和研究者与专业实践者的关系方面，实践反思知识都强调在"行动中的对话"，主张建立一种沟通和交流的模式。这种沟通和交流的模式能够确立，实践反思知识才真正获得了合法性。

此外，就美国而言，由于受教师教育体系本身的改革及自由主义的教师教育政策强烈的绩效主义取向的影响，通过教师教育组织取得合法化地位的教师知识正在表现出越来越强的绩效与问责功能。自奥巴马政府上台以来，尽管表现性评价在当前仍然是教师资格评价主要方式，但以"增值性评价"为基础的教师问责体系已经逐渐成为一些州的教师政策的核心实践，这就使得教师知识在教师教育组织中的合法化方式与过程变得更加复杂。在此背景下，支持教学专业合法性的已经不再是认知基础，也就是说，教师知识的合法性已经不再是问题本身，教师工作的效果决定了教学专业的合法性地位。只是令人遗憾的是，在绩效主义的教师教育政策背景下，教师工作的效果被严重矮化为学生在标准化测验中所取得的成绩。倘若绩效主义教师教育政策对教师工作的矮化和扭曲在未来仍然大行其道，教师知识的合法性将不再限定于学科知识、教育学知识与实践知识的范围，而是极有可能让位于福柯笔下的严格的规训和监视技术。

从本研究所涉及的范围而言，尽管考察了作为教师资格组织的新教师评估与支持联盟和美国国家教学专业标准委员会同教师知识合法化的关系，但是并没有分析美国教师教育认证制度与教师知识合法化之间的关系。近年来，受到解制主义教师教育思潮的影响，美国教师教育认证制度也进行了较大的改革，从传统以大学教育学院和教师教育项目为主要认证对象发展为对可选择性教师教育项目和"驻校"教师教育项目开展全面认证。因而，教师教育认证组织对教师教育项目发挥着规范性的功能，具有将教师资格认证组织和教师教育机构相互连接起来的特性。因此，分析以"官方化"为主要特征的教师知识的合法化过程不应脱离美国教师教育认证制度的制度背景。

　　本研究重点从教师培养机构和教师职业准入门槛两个层面探讨了教师知识的合法化过程及其特征。不可否认，无论是以大学为基础的教师培养机构还是教师资格组织的评价考核和资格认定，教师知识的生产者仍然以大学或是研究机构的专职研究人员为主，为数众多的教师仍然无法摆脱"教育知识消费者"的角色，教师作为教师知识生产者的作用乃至来自教师的"教育知识"在教师知识的"官方化"过程中长期未能得到充分的反映。尽管随着当代美国教师教育的改革，这一局面有所改观，但教师知识的"割裂"状态仍然存在，实现以大学教育学院为代表的"庙堂"之上的教师知识与深埋在教师心中的、缄默的"江湖"之远的教师知识的深度弥合，道路仍然漫长。在这方面，笔者认为，兴起于20世纪60年代以教师行动研究为代表的教师研究运动经过了半个世纪的努力之后已经有所突破，未来教师知识的合法性研究将更加关注以教师作为知识生产者的角色和作用，关注教学现场所生成的教师知识如何反映和反哺师范生的培养。

　　最后，教师知识的合法化过程不应仅仅停留在对其历史进程和特征的描述上，还应该进一步考察教师知识的合法化对教师教育课程和对教师专业地位的影响，进而考察教师知识的合法化同提高教师质量之间的内在联系。这也是今后应进一步思考和展开深入研究的课题。

参考文献

A. 专著、论文集、学位论文、报告

[1] Abbott, A. (1988). *The system of professions: an essay on the division of expert labor*. Chicago, USA: The University of Chicago Press.

[2] Bell, T. H. (1988). *The thirteenth man: a Reagan cabinet memoirs*. New York: The Free Press, A Division of Macmillan, Inc.

[3] Best, J. W. & Kahn, J. V. (2006). *Research in education* (10th ed.). New York: Pearson Education, Inc.

[4] Burrage, M. T. R. (1990). *Professions in theory and history: rethinking the study of the professions*. London: Sage Publications.

[5] Clifford, G. J. & Guthrie, J. W. (1988). *Ed school: a brief for professional education*. Chicago: University of Chicago Press.

[6] Cohen, D. (2011). *Teaching and its predicaments*. Cambridge, MA, USA: Harvard University Press.

[7] Cremin, L. (1980). *American education: the national experience, 1783—1876*. New York: Harper&Row.

[8] Cremin, A. L. & Townsend, M. E. (1954). *A history of Teachers College Columbia University*. New York: Columbia University Press.

[9] Crowl, T. K. (1996). *Fundamentals of educational research* (2nd ed.). Chicago: Brown&Bechmark Publishers.

[10] Elbaz, F. (1983). *Teacher thinking: a study of practical knowledge*. New York: Nichols Publishing Company.

[11] Elliot, P. (1972). *The sociology of the professions*. New York: Herder and Herder.

[12] Fraser, J. W. (2007). *Preparing America's teachers: a history*. New York: Teachers College Press.

[13]Furlong, J. (2013). *Eduation-An anatomy of the discipline: rescuing the university project?* London and New York: Routledge.

[14]Grossman, P. L. (1990). *The making of teacher: teacher knowledge and teacher education.* New York: Teachers College Press.

[15]Gutek, G. L. (1986). *Education in the United States: an historical perspective.* Englewood Cliffs, NJ: Prentice-Hall, Inc.

[16]Herbst, J. (1990). *And sadly teach: teacher education and professionalization in American culture.* Madison, WI: The University of Wisconsin Press, Ltd.

[17]Husen, T. & Postlethwaite, T. N. (1994). *The international encyclopedia of education.* Oxford, UK: Elsevier Science Ltd.

[18]Jeynes, W. H. (2007). *American educational history: school, society and the common good.* Thousand Oaks, CA: Sage publications, Inc.

[19]Koerner, J. D. (1963). *The miseducation of American teachers.* Baltimore: Penguin Books Inc.

[20]Labaree, D. (2004). *Trouble with Ed Schools.* New Haven, CT, USA: Yale University Press.

[21]Lagemann, E. C. (2000). *An elusive science: the troubling history of education research.* Chicago, USA: The University of Chicago Press.

[22]Liston, D. P. & Zeichner, K. (1991). *Teacher education and the social conditions of schooling.* New York: Routhledge.

[23]Lucas, C. J. (1997). *Teacher education in America: reform agendas for the twenty-first century.* New York: St. Martin's Press.

[24]Luizzi, V. & Mckinney, A. (2001). *New and old world philosophy.* Upper Saddle River, NJ: Prentice-Hall, Inc.

[25]Lyotard, J. F. (1984). *The postmodern condition: a report on knowledge.* Minneapolis, MN: University of Minnesota Press.

[26]Mahoney, J. & Rueschmeyer, D. (Eds.). (2003). *Comparative Historical Analysis in the Social Science.* Cambridge, UK; New York: Cambridge University Press.

[27]Mertler, C. A. & Charles, C. M. (2005). *Introduction to educational research* (5th ed.). New York: Pearson Education, Inc.

[28]Murphy, J. (1990). *The educational reform movement of the 1980s: perspectives and cases.* Berkerly, CA: McCutchan Publishing Corporation.

[29]Powell, A. G. (1980). *The uncertain profession: Harward and the search for educational authority.* Cambridge, MA, USA: Harward University Press.

[30] Schein, E. H. (1972). *Professional education: some new directions.* New York:

McGraw-Hill Book Company.

[31]Schon, D. (1987). *Educating the reflective practitioner*：*toward a new design for teaching and learning in the professions*. San Francisco，CA，USA：Jossey-Bass Publishers.

[32]Shen, J. P. (1999). *The school of education*：*its mission*，*faculty*，*and reward structure*. New York：Peter Lang Publishing Inc.

[33]Spring, J. (1990). *The American school*：*1642—1990* (2nd ed.). White Plains，NY：Longman.

[34]Spring, J. (1991). *American education*：*an introduction to social and political aspects* (5th ed.). New York：Longman Publishing Group.

[35]Spring, J. (2006). *American education* (13th ed.). New York：McGraw-Hill Companies，Inc.

[36]Urban, W. J. & Wagoner, J. L. J. (2004). *American education*：*a history*. New York：McGraw-Hill.

[37]Von Wright, G. H. (2009). *Explanation and Understanding*. London：Routledge.

[38]辞海编辑委员会. 辞海[M].上海：上海辞书出版社，1989.

[39]杜威.我们怎样思维·经验与教育.姜文闵译[M].北京：人民教育出版社，2005.

[40]杜威著，赵祥麟，王承绪译. 杜威教育名篇[M].北京：教育科学出版社，2006.

[41]哈贝马斯著，张博树译. 交往与社会进化[M].重庆：重庆出版社，1989.

[42]胡军. 知识论[M].北京：北京大学出版社，2006.

[43]教育部师范教育司. 教师专业化的理论与实践[M].修订版. 北京：人民教育出版社，2003.

[44]罗伯特·默顿. 社会理论和社会结构[M].南京：译林出版社，2006.

[45]马克思·韦伯著，于晓，陈维刚等译. 新教伦理与资本主义精神[M].西安：陕西师范大学出版社，2006.

[46]迈克尔·阿普尔著，黄忠敬译. 意识形态与课程[M].上海：华东师范大学出版社，2001.

[47]迈克尔·阿普尔著，曲囡囡，刘明堂译. 官方知识——保守时代的民主教育[M].上海：华东师范大学出版社，2004.

[48]米歇尔·福柯著，刘北成，杨远婴译. 规训与惩罚[M].北京：生活·读书·新知三联书店，1999.

[49]米歇尔·福柯著，谢强，马月译. 知识考古学[M].北京：生活·读书·新知三联书店，1998.

[50]让·弗朗索瓦·利奥塔尔著，车槿山译. 后现代状态——关于知识的报告[M].北京：生活·读书·新知三联书店，1997.

[51]让·卡泽纳弗. 社会学十大概念[M].上海：上海人民出版社，2003.

[52]石中英. 知识转型与教育改革[M].北京：教育科学出版社，2001.

[53]唐纳德·舍恩著,夏林清译. 反映的实践者——专业工作者如何在行动中思考[M].北京：教育科学出版社，2007.

[54]郝鸿军. 知识的合法性[D].长春：吉林大学，2007.

[55]姜美玲. 教师实践性知识研究[D].上海：华东师范大学教育科学学院，2006.

[56]鞠玉翠. 教师个人实践理论的叙事探究[D].上海：华东师范大学教育科学学院，2003.

[57]刘静. 20世纪美国教师教育思想的历史分析[D].北京：北京师范大学教育学院，2005.

[58]刘清华. 教师知识的模型建构研究[D].重庆：西南师范大学教育科学研究所，2004.

[59]吴卫东. 教师个人知识研究——以小学数学教师为例[D].上海：华东师范大学教育科学学院，2007.

[60]岳亚平. 教师个人知识管理策略的研究——基于幼儿园团体学习中的知识管理研究[D].南京：南京师范大学教育科学学院，2007.

[61]周福盛. 教师个体知识的构成及发展研究[D].兰州：西北师范大学教育学院，2006.

[62]The National Commission on Excellence in Education. (1983). *A nation at risk：the imperative for educational reform*. Washington D. C.

[63]The National Commission on Excellence in Education. (1985). *A call for change in teacher education*. Washington D. C.

[64]The National Commission on Teaching & America's Future. (1996).*What matters most：teaching for America's Future*. New York.

[65]Levine, A. (2006). *Educating school teachers*. Washington，DC：The Education Schools Project.

[66]National Board for Professional Teaching Standards. (2001). *Early adolesence generalist standards*. Arlington，VA.

[67]Carnegie Forum on Education and Economy Task Force on Teaching as a Profession. (1986). *A nation prepared：teachers for 21st century*. New York：1986.

[68]Snyder，T. D. ，& Dillow，S. A. (2011). *Digest of Education Statistics* 2010 (*NCES*2011—015). Washington D. C. ：National Center for Education Statistics，Institute of Education Science，U. S. Depatment of Education.

[69]Soltis，J. F. (1979). *Education and the concept knowledge：Inaugural lecture as William Heard Kilpatrick Professor of Philosophy and Education*. New York，Teachers College，Columbia University.

[70]The Holmes Group. (1986). *Tomorrow's Teachers*. East Lancing，MI.

[71]Whitty，G. Challenges College of Education Meet Currently. 庆祝北京师范大学教育学部成立五周年学术研讨会主题演讲.北京:北京师范大学教育学部,2014.

B. 期刊文章

[72]Bejaard, D. , Van Driel, J. H. & Verloop, N. (1999). Evaluation of story-line methodology in research on teachers' practical knowledge. *Studies in Educational Evaluation*, 25 (1), 47-62.

[73]Beijaard, D. (1996). Assessing teachers' practical knowledge. *Studies in Educational Evaluation*, 22(3), 275-286.

[74]Bullough, R. V. J. (2001). Pedagogical content knowledge circa 1907 and 1987: a study in the history of an idea. *Teaching and Teacher Education*, (17), 655-666.

[75]Cesar, D. , & Smith, J. K. (2005). The culture of educational professionalism in the twentieth century. *American Educational History Journal*, 32(2), 131-138.

[76]Chudgar, A. , Chandra, M. & Razzaque, A. (2014). alternative forms of teacher hiring in developing countries and its implications: a review of literature. *Teaching and Teacher Education*, (37), 150-161.

[77]Cochran-Smith, M. (2001). Learning to teaching against the (new) Grain. . *Journal of Teacher Education*, 52(1), 3-4.

[78]Darling-Hammond, L. (2004). "Steady work": The ongoing redesign of the Stanford teacher education program. *Educational Perspective*, 36(1), 8-19.

[79]Darling-Hammond, L. (2010). Teacher education and the American future. *Journal of Teacher Education*, 61(1-2), 35-47.

[80]Fenstermacher, F. D. (1994). The knower and the known: the nature of knowledge in research on teaching. *Review of Research in Education*, (20), 3-56.

[81]Futrell, M. H. (2010). Transforming teacher education to reform America's P-20 education system. *Journal of Teacher Education*, 61(5), 432-440.

[82]Goldenberg, C. & Gallimore, R. (1991). Local knowledge, research knowledge, and educational change: a case study of early Spanish reading improvement. *Educational Researcher*, 20(8), 2-14.

[83]Grossman, P. (2008). Responding to our critics: from crisis to opportunity in research on teacher education. *Jounal of Teacher Education*, 59(1), 10-23.

[84]Hargreaves, A. (1996). Transforming knowledge: blurring the boundaries between research, policy and practice. *Educational Evluation and Policy Analysis*, 18 (2), 105-122.

[85]Hall, J. (2004). Book review: comparative historical analysis in social sciences. *American Journal of Sociology*, 110(1), 237-239.

[86]Hollins, E. R. (2010). Teacher preparation for quality teaching. *Journal of Teacher Education*, 62(4), 395-407.

[87]Jones，M. G. & Vesilind，E. M. (1996). Putting Practice into Theory：changes in the organization of preservice teachers' pedagogical knowledge. *American Educational Research Journal*，33(1)，91-117.

[88]Lai，M. & LO，L. N. (2007). Teacher professionalism in educational reform：the experiences of Hong Kong and Shanghai. *Compare*，37(1)，53-68.

[89]Leinhardt，G. (1992). Capturing craft knowledge in teaching. *Educational Researcher*，19(2)，18-25.

[90]Mayer，D. (2014). Forty years of teacher education in Australia：1974—2014. *Journal of Education for Teaching*，40(5)，461-473.

[91]Murray，C. E. (1992). Teaching as a profession：the Rochester case in historical perspective. *Harvard Educational Review*，62(4)，494-518.

[92]Segall，A. (2004). Revisiting pedagogical content knowledge：the pedagogy of content/the content of pedagogy. *Teaching and Teacher Education*，(20)，489-504.

[93]Shulman, L. S. (1986). Those who understand：knowledge growth in teaching. *Educational Research*，15(2)，4-14.

[94]Shulman, L. S. (1987). Knowledge and teaching：foundations of the new reform. *Harvard Educational Review*，37(1)，1-22.

[95]Skopol，T. & Margret, S. (1980). The use of comparative history in macrosocial Inquiry. *Comparative Studies in Society and History*，22(2)，174-197.

[96]Valli，L. (1997). Listening to other voices：a description of teacher reflection in the United States. *Peabody Journal of Education*，72(1)，67-88.

[97]Zeichner，K. (2012). The turn once again toward practice-based teacher education. *Journal of Teacher Education*，63(5)，376-382.

[98]包彩娟. 美国公立学校面临的危机[J]. 比较教育研究,1983(3)：45-48.

[99]操太圣,卢乃桂. 论教学专业化的理论挑战与现实困境[J]. 教育研究,2005(9)：36-41.

[100]陈那波. 历史比较分析的复兴[J]. 公共行政评论,2008(3):55-71,198.

[101]陈向明. 教师的作用是什么——对教师隐喻的分析[J]. 教育研究与实验,2001(1)：13-19.

[102]陈向明. 实践性知识:教师专业发展的知识基础[J]. 北京大学教育评论,2003,1(1)：104-112.

[103]陈向明. 实践性知识:教师专业发展的知识基础[J]. 北京大学教育评论,2003,1(1).

[104]陈晓端,闫福甜. 当代美国教育六次浪潮及其启示[J]. 教育学研究,2007,36(6)：95-99.

[105]冯建军. 从教师的知识结构看教师教育课程的改革[J]. 中小学教师培训,2004(8)：3-6.

[106]傅松涛,刘小丽. 美国 NBPTS 优秀教师资格认证简介[J].基础教育参考,2004,11(4)：34-35.

[107]郭志明. 美国开放式教师教育模式的形成机制研究[J].天津师范犬学学报(社会科学版),2007(2)：72-75.

[108]李莉春. 教师在行动中反思的层次与能力[J].北京大学教育评论,2008,6(1)：92-104.

[109]李琼,倪玉菁. 西方不同路向的教师知识研究述评[J].比较教育研究,2006(5)：76-81.

[110]李琼,倪玉菁. 小学数学课堂对话的特点:对专家教师与非专家教师的比较[J].课程·教材·教法,2007,27(11)：36-40.

[111]林崇德,申继亮,辛涛. 教师素质的构成及其培养途径[J].中国教育学刊,1996(6)：16-22.

[112]刘慧霞. 捕捉教师的实践性知识[J].北京大学教育评论,2008,6(1)：106-110.

[113]刘清华. 教师知识研究的问题与建构路向[J].教育理论与实践,2005,25(11)：45-48.

[114]卢晓东. 高等学校"专业"内涵研究[J].教育研究,2002(7)：47-52.

[115]辛涛,申继亮,林崇德. 从教师的知识结构看师范教育的改革[J].高等师范教育研究,1999(6)：12-17.

[116]杨翠蓉,胡谊,吴庆麟. 教师知识的研究综述[J].心理科学,2005,28(5)：1167-1169.

[117]杨帆. 教师的反思性语言形态[J].北京大学教育评论,2008,6(1)：79-91.

[118]杨跃. 从"师范专业"到"教师教育项目":教师专业人才培养模式改造初探[J].教育发展研究,2015,(18)：66-72.

[119]张康之. 合法化的思维历程:从韦伯到哈贝马斯[J].教学与研究,2002(3)：63-68.

[120]张立昌. "教师个人知识"含义、特征及其自我更新的构想[J].教育理论与实践,2002,22(10)：30-33.

[121]张民选. 专业知识显性化与教师专业发展[J].教育研究,2002(1)：14-31.

[122]衷克定. 教师策略性知识的成分与结构特征研究[J].北京师范大学学报(人文社会科学版),2002(4)：35-42.

[123]周钧. 技术理性与反思性实践:美国两种教师教育观之比较[J].教师教育研究,2005,17(6)：76-80.

[124]周钧. 历史社会学视角中的美国大学教育学院研究——评《教育学院之困境》[J].教育学报,2006(4)：91-96.

[125]周钧,朱旭东. 美国教师教育大学化形成的路径研究[J].高等教育研究,2005,26(12)：57-68.

[126]朱欣欣,陈凡. 美国新任教师教学知识和能力考试体系的分析及启示[J].教师教育研究,2006,18(6)：77-80.

[127]朱旭东. 国外教师教育的专业化和认可制度[J].比较教育研究,2001(3)：6-12.

[128]朱旭东,张眉. 试析美国教师资格证书制度[J].外国教育研究,2007,34(5).

[129]邹斌,陈向明. 教师知识概念的溯源[J]. 课程・教材・教法,2005,25(6):85-89.

C. 论文集中的析出文献

[130]Apple, M. (2010). Global Crises, Soical Justice, and Education. In*Global Crises, Soical Justice, and Education* (pp. 1-23). New York, London: Routledge.

[131]Altbach, P. G. (1985). The Great Education"Crisis." In*Excellence in education: perspectives on policy and practice* (pp. 13-27). Buffalo, NY: Prometheus Books.

[132]Carter, K. (1990). Teachers' knowledge and learning to teach. In W. R. Houston, M. Haberman & J. Sikula (Eds.), *Handbook of research on teacher education: a project of the Association of Teacher Educators* (pp. 291-310). New York: Macmillan Publishing Company.

[133]Connelly, M. & Clandinin, D. J. (1995). Teachers' professional knowledge landscapes: secret, sacred and cover stories. In D. J. Clandinin & M. Connelly (Eds.), *Teachers' professional knowledge landscapes* (pp. 3-15). New York: Teachers College Press.

[134] Doyle, W. (1990). Themes in teacher education research. In W. R. Houston, M. Haberman & J. Sikula (Eds.), *Handbook of research on teacher education: a project of the Association of Teacher Educators* (pp. 3-24). New York: Macmillan Publishing Company.

[135]Feiman-Nemser, S., Houston, W. R., Haberman, M. & Sikula, J. (1990). Teacher preparation: structural and conceptual alternatives. In*Handbook of research on teacher education: a project of the Association of Teacher Educators* (pp. 212-233). New York: Macmillan Publishing Company.

[136]Fenstermacher, F. D. (1988). The place of science and epistemology in Schon's conception of reflective practice? In P. P. Grimmett & G. L. Erickson (Eds.), *Reflection in teacher education*. New York: Teachers College Press.

[137]Floden, E. E. & Buchmann, M. (1990). Philosophical inquiry in teacher education. In W. R. Houston, M. Haberman & J. Sikula (Eds.), *Handbook of research on teacher education: a project of the Association of Teacher Educators* (pp. 373-392). New York: Macmillan Publishing Company.

[138]Grossman, P. L. (1997). Teachers' knowledge. In L. J. Saha (Ed.), *International encyclopedia of the sociology of education* (pp. 692-697). Oxford: Elsevier Science Ltd.

[139]Johanningmeier, E. V. & Johnson, H. C. J. (1975). The education professoriate: A historical consideration of its work and growth. In A. Bagley (Ed.), *The professors of education: an assessment of conditions* (pp. 1-18). Minneapolis: MI: Society of Professors of Education, College of Education, University of Minnesota.

[140]Labaree，D. (2008). An uneasy relationship：the history of teacher education in the university. In M. Cochran-Smith，S. Feiman-Nemser & D. J. McIntyre（Eds.），*Handbook of Research on Teacher Education*（3rd Edition，pp. 290-306）. New York：Routledge.

[141]Leinhardt，G. (1988). Situated knowledge and expertise in teaching. In J. Calderhead（Ed.），*Teachers' professional learning*（pp. 146-168）. London：Falmer.

[142]Munby，H.，Russell，T. & Martin，A. K. (2002). Teacher's knowledge and how it develops. In V. Richardson（Ed.），*Handbook of research on teaching*（pp. 887-904）. Washington，DC：American Education Research Association.

[143]Orton，R. E. (1993). Two problems with teacher knowledge. In A. Thompson（Ed.），*Philosophy of education*. Urbana，IL：Philosophy of Education Society.

[144]Parr，S. (1888). The reorganization of the teaching profession. In*National Education Association Journal of Proceedings and Addresses*（pp. 362-375）.

[145]Brooks，S. D. (1907). Preparation of high school teachers. In*National Education Association Journal of Proceedings and Addresses*（pp. 547-551）.

[146]Schwab，J. (1964). Structure of the disciplines：meanings and significances. In G. W. Ford & L. Pugno（Eds.），*The structure of knowledge and curriculum*. Chicago：Mcnally & Company.

[147]Tom，A. & Valli，A. (1990). Professional knowledge for teachers. In W. R. Houston，M. Haberman & J. Sikula（Eds.），*Handbook of research on teacher education：a project of the Association of Teacher Educators*（pp. 373-392）. New York：Macmillan Publishing Company.

[148]Van Dempsey，S. D. (2011). United we stand：devided we fail our communities and hence the public good. In P. M. Earley，D. G. Imig & N. M. Michelli（Eds.），*Teacher education policy in the United States：issues and tensions in an era of evolving expectations*（pp. 155-181）. New York：Routledge，Taylor & Francis Group.

[149]Zeichner，K. & Conklin，H. G. (2008). Teacher education programs as sites for teacher preparation. In M. Cochran-Smith，S. Feiman-Nemser & D. J. McIntyre（Eds.），*Handbook of Research on Teacher Education*（3rd Edition，pp. 269-289）. New York：Routledge.

[150]Zimpher，N. L. & Sherrill，J. A. (1996). Professors，Teachers，and Leaders in SCDES. In J. Sikula，T. J. Buttery & E. Guyton（Eds.），*Handbook of research on teacher education*. New York：Macmillan.

[151]霍斯金著,刘健芝等译. 教育与学科规训制度的缘起[A]. 学科·知识·权力[C]. 北京：生活·读书·新知三联书店,牛津大学出版社,1993.

D. 报纸文章

[152]Anonymous. (1980，June 16). Help! Teacher Can't Teach! *Times*. New York.

[153]Finder，A. (2006). Report critical of training of teachers. *The New York Times*，2006-9-16.

附 录 英汉人名对照表

舒尔曼 Shulman

格罗斯曼 Grossman

格雷米特 Grimmett

埃里克森 Ericson

克兰迪宁 Clandinin

康奈利 Connelly

卡特尔 Carter

汤姆·拉塞尔 Tom Russell

费斯特马切尔 Fenstermacher

埃尔鲍兹 Elbaz

舍恩 Schon

丹尼尔·P. 利斯顿 Daniel P. Liston

肯尼思·查切纳 Kenneth Zeichner

高登伯格 Goldenberg

高利摩尔 Gallimore

莱因哈迪特 Leinhardt

奥顿 Orton

博尔科 Borko

普特南 Putnam

威尔逊 Wilson

施瓦布 Schwab

巴切曼 Buchmann

汤姆 Tom

吉尔兹 Geertz

费耶阿本德 Feyerabend

布鲁纳 Bruner

利奥塔 Lyotard

福柯 Foucault

迈克尔·阿普尔 Michael Apple

瓦利 Valli

詹姆森 Jameson

休·芒比 Hugh Munby

特里·贝尔 Terrel Bell

埃德·米斯 Ed Meese

阿尔伯特·沙克尔 Albert Shanker

詹姆斯·B. 亨特 James B. Hunt，Jr

亚瑟·莱文 Arthur Levine

科恩豪斯特 Kornhauster

丹尼尔·贝尔 Daniel Bell

马森 Marcson

施因 Schein

埃利奥特 Eliot

班克斯 O. Banks

霍勒 E. Hoyle

威拉德·埃斯布里 Willard S. Elsbree

弗莱克斯纳 Flexner

里德 Reed

伦德和巴格莱 Learned and Bagley

乔·斯普林 Joe Spring

科尔纳 Koerner

康南特 Conant

克里福德 Califord

古绪尔 Guthrie

亚瑟·怀斯 Arthur E. Wise

沙朗·罗宾逊 Sharon Robinson

齐默非 Nancy Zimpher

拉伯雷 David Labaree

霍斯金 Hoskin

杜威 Dewey

查尔斯·贾德 Charles Judd

桑代克 Throndike

威廉·佩恩 William Payne

贺拉斯·曼 Horace Mann

爱德华·埃弗雷特 Edward Everett

杜怀特 Dwight

克雷明 Cremin

安德鲁·杰克逊 Andrew Jackson

马克思·韦伯 Max Weber

帕尔 Parr

布鲁克斯 Brooks

弗里德里克·A. P. 巴纳德 Frederick A. P. Barnard

尼古拉斯·穆瑞·巴特勒 Nicholas Murray Butler

詹姆斯·E. 拉塞尔 James E. Russell

约翰·迪金森 John W. Dickinson

波兰尼 Polanyi

图书在版编目（CIP）数据

美国教师知识合法化进程研究/赵萍著. —北京：北京师范大学出版社，2017.1

（京师教师教育论丛）

ISBN 978-7-303-20268-3

Ⅰ.①美…　Ⅱ.①赵…　Ⅲ.①师资培养-研究-美国　Ⅳ.①G451.2

中国版本图书馆 CIP 数据核字（2016）第 069341 号

营 销 中 心 电 话　010-58802181　58805532
北师大出版社高等教育分社网　http://gaojiao.bnup.com
电 子 信 箱　gaojiao@bnupg.com

出版发行：北京师范大学出版社　www.bnup.com
　　　　　北京市海淀区新街口外大街 19 号
　　　　　邮政编码：100875
印　　刷：三河市兴达印务有限公司
经　　销：全国新华书店
开　　本：730 mm×980 mm　1/16
印　　张：9.5
字　　数：170 千字
版　　次：2017 年 1 月第 1 版
印　　次：2017 年 1 月第 1 次印刷
定　　价：20.00 元

策划编辑：郭兴举　　　　责任编辑：薛　萌　肖维玲
美术编辑：焦　丽　　　　装帧设计：焦　丽
责任校对：陈　民　　　　责任印制：陈　涛